ICH BIN DER GRÖSSTE UND GANZ ALLEIN

Wolfgang Bergmann

ICH BIN DER GRÖSSTE UND GANZ ALLEIN

Der neue Narzißmus unserer Kinder

PATMOS

Bibliographische Information der Deutschen Nationalbibliothek: Die Deutsche Nationalbibliothek verzeichnet diese Publikation in der Deutschen Nationalbibliographie; detaillierte bibliographische Daten sind im Internet über http://dnb.d-nb.de abrufbar. Überarbeitete Ausgabe des 2000 im Walter Verlag erschienenen Titels *Die Welt der neuen Kinder*. Autorenfoto Umschlagklappe: © Markus Röleke; Umschlagmotiv: © Michael Prince / Corbis; Umschlaggestaltung: butenschoendesign.de; Printed in Austria. ISBN 978-3-491-40158-7 **www.patmos.de**

Inhalt

Vorwort zur überarbeiteten Ausgabe

Wer liest schon sein eigenes Buch, nachdem es erschienen ist? Ich jedenfalls nicht. Höchstens zur Vorbereitung des ein oder anderen Vortrags schlage ich, zögernd und immer etwas beklommen, ein Kapitel auf, um einen Gedanken, der mir nicht mehr so ganz klar vor Augen steht, in Erinnerung zu rufen. Ansonsten habe ich, wie die meisten Autoren, zum eigenen Geschriebenen ein höchst ambivalentes Verhältnis: Man kann immer nur hoffen, daß es den eigenen und der Leser Ansprüche einigermaßen entspricht, überprüfen möchte man es lieber nicht.

Das erklärt, warum ich der neuen Ausgabe eines Buches, das erstmals im Jahr 2000 erschienen ist, mit gemischten Gefühlen entgegensah. Nur der Patmos Verlag war guter Dinge. Ich dürfe ja überarbeiten, soviel ich wolle, sagten sie. Als wenn das ein Trost wäre!

Ich hab mich dann aber doch darangemacht, gelesen und weitergelesen – und stellte beruhigt und beglückt fest, daß ich im Großen und Ganzen mit allem einverstanden war. Ich merkte sogar, daß manche Überlegungen und Thesen, die ich beim Schreiben von späteren Aufsätzen für ganz neue Ideen gehalten hatte, hier schon aufzufinden waren.

Und dann zeigte sich noch etwas: Was ich aus den intimen Erfahrungen einer therapeutisch-beratenden Praxis nachgezeichnet hatte, das hat bis heute eine hohe Aktualität. Ja, es ist sogar so, daß ich viele Gedanken, die erst seit kurzem in der pädagogischen Debatte präsent sind, beim Lesen wiederfand. Wie erklärt sich das? Ganz einfach. Ich hatte ja im wesentlichen nur meine Erfahrungen mit den schwierigen Kindern, besonders mit Jungen, nachgezeichnet. Sie zeigten vor Jahren schon Verhaltensweisen, Unruhen und Probleme, wie sie erst heute in das pädagogische Bewußtsein eingedrungen sind – ich hatte es nur aufgeschrieben. Nacherzählt. Mich danach um Erklärungen, Analysen bemüht, die in späteren Büchern, etwa in *Kleine Jungs, große Not*, theoretisch differenzierter, aber nicht authentischer ausfielen.

Aber die grundlegende Problematik der unruhigen, nervösen und narzißtischen Kinder, ihre Verwöhnung und ihr Alleinsein, ihre Faszination für die Computerspiele und andere digitale Medien und die Folgen, dies alles hatten sie mir damals schon deutlich gezeigt, vielleicht klarer, als mir bewußt geworden ist.

Anderes wurde im gemeinsamen Bemühen mit den Eltern, in den beratend-therapeutischen Gesprächen, sichtbar: die veränderte Rolle der Väter, die Erschütterung eines eindeutigen Männlichkeitsbildes, die wiederum vor allem auf die Jungen zurückwirkt, dazu der veränderte Charakter der modernen Kleinfamilie, die ganz auf sich selbst gestellt, oft isoliert ist und in einer hochindividualisierten Kultur gleichwohl eine Bindungsgemeinschaft gestalten muß. Das alles wird in einer psychologisch-pädagogischen Praxis Tag für Tag in vielfältigen Formen deutlich, es wird einem geradezu unter die Nase gerieben. Man muß nur die Augen aufmachen. Ich habe das damals alles aufgeschrieben, aufgezeichnet – und aus den vielen Beratungsgesprächen schließlich auch noch eine Reihe von Vorschlägen und Ratschlägen, kurz- und langfristiger Art, für die Eltern hinzugenommen. Ich habe sie ans Ende des Buches gesetzt.

Was ich von meinen kleinen Patienten und ihren Eltern lernte, sah, hörte, erfuhr und aufschnappte, das macht dieses Buch aus. Es ist ein Tasten nach einer neuen Kinderwirklichkeit und ihren seelischen Folgen, und vielleicht gerade wegen dieses zögernden, suchenden Charakters heute lesenswert – nicht zuletzt, weil so viele selbstgewisse und apodiktische Klischees über Kinder (»Tyrannen«) und Eltern (»konfliktscheue Versager«) zirkulieren.

Nun wollen wir ehrlich sein: Ich habe das Buch dann doch »überarbeitet«. Nicht grundsätzlich, aber in manchen Einzelheiten. Und zwar aus diesem Grund: Als ich es schrieb, galt das Wort »Autorität« in der pädagogischen Debatte nicht viel, bei manchen war es verpönt. Insofern habe ich damals mit Verve für Autorität plädiert. Heute schreien vor allem die Medien und in ihrem Gefolge viele Autoren pädagogischer oder psychiatrischer Bücher genau danach: Kontrolle, Disziplin, dem Kind »Widerstand entgegensetzen«. Man hört es in den TV-Runden, liest es in gut verkauften Büchern; sogar auf Fachtagungen, wo man es besser wissen sollte, wird es gepredigt. Immer dasselbe, mit einem merkwürdig kalten, oft, wie mir scheint, den Kindern gegenüber mißtrauischen Gestus. Manche Bestseller heute kommen mir vor wie Feinderklärungen an Kinder – und an die Eltern gleich mit. Manchmal friert es mich angesichts dieses hochfahrenden Tonfalls. Inhaltlich sind diese Bücher und viele populäre TV-Sendungen pure Hobby-Psychologie, auch wenn sie von vermeintlichen oder wirklichen pädagogischen oder ärztlichen Profis kommt. Auch das ist erschreckend. Ein Bemühen um differenzierte Analyse auf der Basis des vorhandenen Wissens ist kaum mehr gefragt.

Ich hatte damals unter Autorität, vor allem der väterlichen Autorität – aber auch der schulisch-institutionellen –, etwas ganz anderes verstanden als das disziplinierende Regulieren und Konditionieren durch pädagogische Maßnahmen, die wieder im Schwange sind. Übrigens zeigt sich dort eine sehr eigenartige Rückkehr zu den Konditionierungstheorien, die in den frühen dreißiger Jahren die Kinderpsychologie beherrschten und die Expertenbücher prägten. Fast wörtlich tauchen Thesen, sogar einzelne Formulierungen aus jener Zeit, die als wissenschaftlich überwunden gilt, in den gegenwärtigen Bestseller-Büchern wieder auf.

Autorität hieß und heißt für mich hingegen Bindung, die Geborgenheit herstellt. Im Rahmen des mütterlichen und väterlichen Geborgenheitsraumes entsteht eine innere und äußere Ordnung, wächst der seelische Aufbau und die stabile Struktur eines Kindes.

Damals erschien mir dies alles selbstverständlich – es war ja auch nicht neu, sondern berief und beruft sich auf die Klassiker der analytischen Kinderpsychologie und der Lernpsychologie, bei allen Differenzen und fehlerhaften Verengungen besonders der Tiefenpsychologie. Aber sie spielen in den gegenwärtigen schulischen und pädagogischen Debatten und Veröffentlichungen keine Rolle mehr, sie sind weitgehend unbekannt. Von Anna Freud oder Donald Winnicott haben Pädagogen kaum etwas gehört, von Piaget haben sie just mal den Namen behalten – ansonsten ziehen derzeit unbedarfte Sozialpädagogen durch die Schulen und exekutieren aus den USA abgeschaute Drillpädagogik, oft schon in vielen Grundschulen, die sich anders nicht zu helfen wissen. Diese Pädagogik auf dem Niveau eines Anpassungssystems mit Belohnung und Strafe ist zur Zeit angesagt.

Deshalb liegt es mir geradezu am Herzen zu unterstreichen: Wo immer in diesem Buch ein Plädoyer für »starke Eltern«, für selbstbewußtes Handeln von Erwachsenen gehalten wird – nie und an keiner Stelle ist damit eine Zustimmung zu dieser neuen armseligen und vertrockneten Technokraten-Pädagogik gemeint.

Dies ist ein Buch, das für elterliche Liebe eintritt, aber für eine starke, kräftige. Mein Plädoyer für Autorität war, als ich es schrieb, auch gegen eine tüttelige und schwache Partnerschafts-Ideologie zwischen Eltern und Kind gerichtet. Nein, Kinder wollen nicht gleichberechtigt sein, sie wollen beschützt werden. Beschützen aber kann ein Kind nur, wer eine klare und starke Kraft in sich spürt, Verantwortung und humorvolle Gelassenheit, eine Souveränität, die aus den eigenen Werten schöpft, und die gibt es nur durch die Liebe, die wir, als Eltern, wir als Pädagogen und Therapeuten für unsere Kinder haben – oder haben sollten. Ist die Liebe verloren, dann ist alles verloren – das ist die Quintessenz aller Pädagogik, auch die dieses Buches, das so viele moderne Probleme nachzeichnet, manche Vorschläge unterbreitet, aber letztlich auf diesen einen Satz hinausläuft.

Vorstöße

Von Computern und globalen Vernetzungen und den Veränderungen, die unsere Gesellschaft und Kultur erfahren, ist allenthalben die Rede. Aber was hat das mit unseren Kindern zu tun? Mit unserem Leben in der Familie, mit dem Schulunterricht und der Freizeit unserer Kinder? Sicher ist es schwer vorstellbar, daß weitreichende Umbrüche in einer Gesellschaft die Familien, die Lebensweise der Kinder, ihre seelische Verfassung *nicht* beeinflussen sollten. Nur: Genaueres weiß man nicht.

Wir hören von e-Commerce, von Kommunikationstechnologien und davon, daß sie die Finanzmärkte revolutionieren. Das klingt plausibel. Daß die elektronischen Datenverarbeitungen Verwaltung und industrielle Produktion verändern, haben viele Eltern selbst erlebt. Die tiefergreifenden strukturellen Prozesse, die hinter den Veränderungen etwa des eigenen Arbeitsplatzes stehen, sind zwar weniger bekannt, doch immerhin vorstellbar.

Aber das Leben in den Familien? Wird es wirklich von all dem tangiert? Sieht es anders aus als vor dreißig oder vierzig Jahren, als (abgesehen von wenigen Forschern und Militärs) kein Mensch von Computern sprach und keiner an ein weltumspannendes Netz digitaler Apparate dachte?

Unser Kind sollte lieber lernen, statt so viel am Computer zu spielen. Dieser Meinung dürften so ziemlich alle Eltern von etwa sieben- bis siebzehnjährigen Kindern und Jugendlichen sein. Oder: Hoffentlich schaden die vielen Action- und Ballerspiele unserem Jungen nicht! Oder: Stoßen die Kinder, wenn sie im Internet surfen, nicht auf Dinge, die sie besser nicht wissen sollten und die sie möglicherweise schockieren oder auf andere Weise seelisch gefährden? Das sind Sorgen, die Eltern gelegentlich äußern. Aber schon die zuletzt Genannte klingt eigentlich nicht so, als würde sie Eltern im Alltag tatsächlich beunruhigen. Alles halb so schlimm!

Und trotzdem: Etwas ist anders geworden in den Familien, in den Beziehungen der Kinder zu den Eltern, der Schüler zu den Lehrern. Etwas Grundlegendes hat sich im Verhältnis der Generationen verschoben. Wir können es gar nicht so recht begreifen, doch immer unausweichlicher drängt sich der Eindruck auf, daß Kindheit im Informationszeitalter anders gelebt wird als Kindheit vor fünfzig oder hundert Jahren. Ein kultureller Bruch hat stattgefunden und findet vor unseren Sinnen und unserem Verstand heute statt – und wir? Wir *empfinden* die Veränderungen zwar, verstehen sie aber nicht.

Die eben aufgezählten Sorgen erwecken denn auch den Eindruck, als seien sie eher Chiffren für eine tieferliegende, grundsätzlichere Beunruhigung, die uns angesichts von Kindheit und Jugend heute überkommt. Uns fehlen buchstäblich die Worte! In dieser komplexen und unübersichtlichen Situation brauchen Eltern – und viele Lehrer und Sozialpädagogen – dringend plausible Erklärungen und Orientierungen. Aber genau die erhalten sie nicht.

Dafür gibt eine ganze Reihe von Gründen, wir wollen sie nicht weiter vertiefen. Nur soviel: Gerade die pädagogischen und psychologischen Wissenschaften und bildungstheoretischen und -planerischen Einrichtungen waren gegenüber den sinnlichen, ästhetischen, kommunikativen Vorgängen innerhalb der Kinder- und Jugendkulturen immer recht hilflos. Sie formulieren gern Bildungs- und Erziehungsziele, Planungsvorgaben, Empirisches. In der Lehrerausbildung beispielsweise wimmelt es nur so von Planungs- und Organisationsschritten und -schemata, als ginge es darum, Maschinen und nicht Kinder zu belehren. Aber von den Details des kindlichen Alltags, von den zahllosen Signalen des Kommenden, die aus jeder neuen Kindergeneration an die Erwachsenen ausgeschickt werden, davon verstanden und verstehen sie nichts (von wenigen Autoren und Theoretikern abgesehen, die aber, wie etwa Hartmut von Hentig, zwar einen guten Namen, jedoch keinen Einfluß haben).

Weil das so ist, stehen wir Eltern vor einem großen Berg von Ratlosigkeit. Ratlosigkeit schon dann, wenn wir die schwer greifbaren Veränderungen von Kindheit heute nur beschreiben wollen. Ratlosigkeit erst recht angesichts der Frage, *wie* Kinder auf die Zukunft hin erzogen und ausgebildet werden müßten und wieviel wir von dieser Zukunft überhaupt wissen und je ahnen können.

Dieses Buch will einige der offenen Fragen beantworten. Wie wirken sich Computer und Internet im Kinderzimmer aus? Welche Ideen und Ideale verknüpfen unsere Kinder mit ihren Lieblingsspielen? Welche Vorbilder haben Kinder heute und wie unterscheiden sie sich von den Vorbildern, die wir aus unserer Kindheit und Jugend kennen? Wie hat sich die Rolle des Vaters verändert? Welche Bedeutung kommt Müttern zu? Und haben Eltern auf ihre Kinder überhaupt noch Einfluß, oder werden diese vorwiegend von übermächtigen Medien und Vermarktungsstrategien – von der Musik, die sie hören, bis zu der Kleidung, die sie bevorzugen – geprägt? Und schließlich wenden wir uns der wichtigsten Frage zu: *Was können wir tun?*

In Zeiten tiefwirkender Umbrüche gibt es nur versuchsweise Antworten. Endgültig wollen und dürfen sie nicht sein. So ist auch dieses Buch angelegt; es geht konkret vom Alltag der Familien aus, berichtet vom täglichen Medienkonsum der

Kinder, beschreibt (und kritisiert) Schule und versucht dabei, auf die genannten aktuellen Fragen, die Eltern, Pädagogen, Psychologen bewegen, Antworten zu geben. Doch jede Antwort ist nicht mehr und nicht weniger als ein Anstoß zu einer Diskussion, deren Ende ganz offen ist.

Ein Beispiel zur Einführung

Jan und die Unfähigkeit zu verzichten

Jan ist zwölf Jahre alt. Er ist unauffällig. Ein freundlicher, kleiner Junge. Intelligent, nicht ohne gewisse Cleverness. Ernste Probleme, sagt er, habe er nicht. Seine Mutter sieht das ganz anders. Sie berichtet, daß er bei geringsten Anlässen die Fassung verliert. Er fängt an zu schreien oder schlägt wild um sich. Schon eine geringfügige Störung seiner Pläne oder Wünsche faßt er offensichtlich als Angriff auf. Dann muß er sich zur Wehr setzen. Als auf einem Elternsprechtag zum ersten Mal davon berichtet wurde, fiel den Eltern ein, daß Jan in gewisser Weise schon immer so war: ungeduldig in der Verfolgung seiner Ziele, heftig, wenn ihm Wünsche versagt blieben. Er hatte deswegen auch wenig Freunde. Jan versuchte die Kindergruppe zu dominieren; wenn es ihm nicht gelang, ging er einfach weg. Er fühlte sich dann allein wohler! Eine Welt, die sich seinen Wünschen nicht fügte, ertrug er nur schwer.

Nachdem ihnen diese Beobachtung wieder eingefallen oder überhaupt als ein fortlaufendes Motiv in Jans Leben bewußt geworden war, suchten die Eltern bei einem Kinderpsychiater Rat. Sie ernteten Achselzucken. Der Arzt fand nichts, was in einem diagnostischen Lehrbuch aufgeführt wird. Er wies die Eltern in einem Abschlußgespräch lediglich darauf hin, daß sich Störungen wie bei Jan bei einer großen Zahl von Kindern einstellten. Aber wo es keine Diagnose gibt, gibt es auch keine Behandlung. Er werde noch einmal mit Jan sprechen, sagte der Arzt – nebenbei bemerkt, ein erfahrener und angesehener Mann, der auf Jans Eltern einen zugleich kompetenten und hilflosen Eindruck machte.

Das Gespräch mit Jan fand statt. Es beeindruckte Jan wenig. Auf die drängenden Fragen der Eltern, was der Arzt ihm gesagt habe, erwiderte Jan lediglich: nichts, der hat mir nichts zu sagen! Mittlerweile verschärften sich die Konflikte in der Schule, blieben aber alles in allem in einem gewissen tolerierbaren Rahmen. Jan schien instinktiv zu wissen, wann er die Regeln der Schule verletzen und wann er mit der Regelverletzung eine für ihn bedrohliche Grenze überschreiten würde. Diese Grenze überschritt er nicht. Aber er nutzte jeden Spielraum aus, der ihm gelassen wurde.

Dieses Desinteresse, so seine Mutter, ging so weit, daß er auf ihre Vorhaltungen nicht mehr reagierte. Sie hatte ihn darauf hingewiesen, daß er seine letzten Freunde vergraulen, keine Kindergeburtstage feiern und zu keinem mehr eingeladen werden würde. Wieder reagierte Jan mit einem Achselzucken. Es bedeutete: Und wenn schon! Offensichtlich war es für ihn erträglicher, allein zu sein, als auf die direkte Erfüllung seiner Wünsche und Ziele zu verzichten. Eine später aufgesuchte Erziehungsberatungsstelle empfahl eine Spieltherapie. Jan brach sie nach wenigen Wochen ab: Dort ist es langweilig, sagte er. Er war jetzt viel allein, es schien ihm tatsächlich nichts auszumachen.

Als Jan und seine Mutter meine Praxis aufsuchten, bemerkte ich als erstes ihr unterschiedliches Auftreten. Jan wirkte freundlich, nahezu unbeschwert, die Mutter hingegen sorgenvoll. Sie litt offenkundig unter der Situation. Sie machte den Eindruck, als rechne sie sich Jans Probleme selber als Schuld an. Dem Jungen schien die Problematik gar nicht bewußt zu sein. Vielleicht, war mein erster Gedanke, gibt es gar keine Probleme. Es gibt nur eine Differenz zwischen den Vorstellungen von richtigem Zusammenleben. Aber ganz so einfach lagen die Dinge dann doch nicht. Die Mutter berichtete bedrückt von den dauernden Konflikten, die Jan in der Schule austrug. Während sie sprach, wirkte der Junge zutiefst desinteressiert. Er hatte diese Geschichte zu oft gehört, es war nicht seine Geschichte, er wußte nichts damit anzufangen. Er hatte sie ganz anders erlebt. Seine Teilnahmslosigkeit war auffällig, wirkte aber nicht aggressiv, nicht einmal demonstrativ.

Dies war also nicht der Punkt, bei dem man im Gespräch mit ihm hätte ansetzen können. Jan zeigte aber eine gewisse gleichmäßige, glatte Freundlichkeit, die mir zu denken gab. Man findet ähnliche Verhaltensweisen bei Politikern oder Show-Stars, bei Menschen, die gewohnt sind, öffentlich aufzutreten und sich dabei »bedeckt zu halten«, sich abzusichern. Ich überlegte, ob auch Jan lediglich damit beschäftigt war, eine bestimmte Haltung darzustellen, die ihn schützte. Noch etwas fiel mir auf, während ich der Mutter zuhörte: Wenn es stimmte, daß Jan etwas darzustellen versuchte, dann tat er's weniger vor seiner Mutter oder mir, vermutlich auch nicht vor seinen Schulkameraden, sondern vor sich selber. Ich dachte plötzlich, daß dieser Junge unaufhörlich damit beschäftigt war, eine innere Balance vor sich selber zu »repräsentieren«, deren Zusammenbruch für ihn verheerende Folgen haben würde. Deshalb diese Glätte, die Gleichförmigkeit seines Auftretens. Seine Konflikte lagen gar nicht in seiner Beziehung zu den anderen Kindern, sondern in seiner Beziehung zu sich selber.

Ich sollte in den folgenden Gesprächen, die ich mit Jan führte, recht bald merken, daß Jan ein Stichwort, ja, geradezu ein Kampfwort hatte, das er nach Belieben einsetzte. Sein Stichwort hieß »langweilig«. Ich frage: Hast du Freunde, Jan? Er sagt: Natürlich habe ich die. Ich: Aber deine Mutter behauptet, deine Freunde kommen selten, und meist gehen sie relativ schnell wieder. Woran liegt das? Jan muß nicht überlegen. Er weiß die Antwort. Sie werden mir langweilig. Und dann? frage ich. Dann lasse ich sie links liegen, sagt Jan und lächelt. Ich spiele einfach das, was ich spielen will. Und dann? frage ich weiter. Jan zuckt die Achseln: Dann gehen sie wieder weg. Tut dir das nicht leid? Nein, sagte Jan, wieso denn? Wie fühlst du dich, wenn sie weggehen? frage ich. Jan sagt: Das ist mir egal. Sie sind langweilig.

Was langweilig ist, wird abgelegt. Es hat keinen Wert für ihn. Dabei ist es so, daß Jan durchaus den Wert von Freundschaften kennt und auch respektiert. Er hätte gern Freunde. Aber sie dürften eben nicht unter das Verdikt »Langeweile« fallen. Die Langeweile ist wie ein großes Wischtuch, das alle anderen Wichtigkeiten aus seinem Leben auslöscht. Was langweilig ist, kann nicht von Bedeutung sein. Langweilige Situationen erträgt Jan nicht. Da will er nur raus. Langeweile ist wie ein Menetekel in seinem jungen Leben.

Was ist langweilig und was ist nicht langweilig? Im Laufe der Gespräche zeichnet sich allmählich ein Bild ab, das diese Frage leidlich beantwortet. Langweilig ist alles, was nicht höchste Konzentration erfordert und dadurch Faszination erzeugt, oder nicht sehr schnell, mit Action vor sich geht. *Faszination in Aktion*, das ist der Idealzustand. Was seine Konzentration nicht erzwingt, seine Aufmerksamkeit nicht auf sich zieht, das hinterläßt bei Jan einen Zustand von diffuser Unruhe. Er will dieser Unruhe ausweichen. Deshalb verläßt er solche Situationen, und wenn er damit zugleich die anderen Kinder verläßt, dann ist es immer noch das geringere Übel. Es ist beinahe so, als ob ihn etwas von innen her zu immer neuen Höhepunkten, neuen »Sensationen« treibt. Wo sie sich nicht einstellen, denkt er sich welche aus, entwirft Pläne oder Spiele und will die anderen zwingen, sie mit ihm zu spielen. Das ist in gewissem Maße sein Kompromiß: Würden sie mitspielen, dann könnte er bleiben! Aber sie wollen nicht, die Unruhe wird stärker, und dann geht Jan – und manchmal schlägt er auch zu.

Mir fällt auf: Sobald wir von dieser Unruhe, die ihn treibt, zu reden beginnen, wird Jan auch im Gespräch mit mir unruhig. Es ist ihm unbehaglich. Er sieht sich mit einem seelischen Zustand konfrontiert, den er nicht bewältigen kann. Wir haben den neuralgischen Punkt seines Problems berührt, aber keineswegs bewältigt. Jan will etwas, er will es mit aller Macht, aber er weiß nicht, was es ist. Er will es sofort und gleich, sein Wollen duldet nicht den geringsten Aufschub: Sein Unglück besteht darin, daß er das, was er unbedingt will, gar nicht recht benennen kann. Auch seine Wünsche sind ungeduldig. Er will mal dies, es wird sofort langweilig, dann jenes, und das ist wieder nicht genug. Er will immer mehr, als *da* ist. Diesen permanenten Spannungs- und Frustrationszustand muß er entweder aggressiv nach außen tragen oder mit sich selber ausmachen; dazu muß er aber allein sein. Seine gleichgültige Einsamkeit ist durchaus Ausdruck einer inneren Not. Das war auch nicht anders zu erwarten. Sein Problem besteht, kurz gesagt, darin, daß sein Wille stark ist, aber kein befriedigendes Ziel findet. Dadurch wird er nicht weniger drängend, sondern ganz im Gegenteil: immer kräftiger, immer unruhiger und immer unbefriedigter.

Der nicht unerfahrene Kinderpsychiater hatte im übrigen mit seiner Nicht-Diagnose durchaus recht. Jan ist so etwas wie ein – vielleicht extremes – Beispiel für Verhaltensdispositionen, die wir in der Kinderpsychologie immer häufiger antreffen. Berichte von Lehrern und Pädagogen aus sozialen Einrichtungen weisen in dieselbe Richtung. Ich werde in den ersten Kapiteln dieses Buches versuchen, dieses Verhalten zu interpretieren. Ich werde untersuchen, inwiefern Tendenzen unserer Gesellschaft, besonders die Vorrangigkeit der neuen Medien Computer und Internet und die Allmacht der Bilder im Fernsehen, im Kino oder in der Werbung zu diesen seelischen Konflikten beitragen. Was wir an Jans Beispiel erkennen, das trifft in geminderter Form auch für zahllose Konflikte in »normalen« Familien zu.

1. Kapitel

Unser Nachdenken über digitale Medien ist immer noch von Angst durchsetzt. Dies wird besonders auf schulpädagogischen oder kinderpsychologischen und -psychiatrischen Fachkongressen, Jahresversammlungen und Tagungen deutlich. Zwar werden mittlerweile Computer von großen Firmen an die Schulen verschenkt (manchmal hat man den Eindruck, viele Lehrer würden sie am liebsten gleich auf den Müll pakken), zwar spielt Informatik in den Lehrplänen mittlerweile eine gewisse Rolle, doch nach wie vor stehen die meisten Lehrer den Medien und ihren vielfältigen Verführungen äußerst skeptisch gegenüber. In anderen Bereichen der Psychologie, der Familienberatung, der Sozialpädagogik sieht es nicht anders aus.

Und wir Eltern? Viele Väter und Mütter sind den neuen Entwicklungen gegenüber durchaus aufgeschlossen. Viele haben ja auch in ihrem Beruf täglich Umgang mit den neuen Techniken. Und trotzdem wird auch ihnen ganz unheimlich zumute, wenn sie ihre Kleinen in die virtuellen Welten des Computers versinken sehen und merken, wie schwer es ist, sie davon loszueisen.

Hinzu kommt eine Befürchtung, die kaum beweisbar ist und für manchen nach typisch deutschem Kulturpessimismus klingt; trotzdem ist sie kaum von der Hand zu weisen: die Befürchtung, daß das soziale Verhalten unserer Kinder immer schwächer ausgebildet wird, daß ihr Sinn für Verantwortung, für Verpflichtungen gegenüber anderen Menschen wenig ausgeprägt ist und daß dies alles mit der Ausweitung der neuen/digitalen Medien zu tun haben könnte. Wir werden im Verlauf unserer Überlegungen auf diesen Punkt noch ausführlich zurückkommen.

Von den Schulen und anderen Ausbildungsinstitutionen werden solche Vermutungen kräftig unterstützt. Allzu laut kommt von Lehrern und vielen Ausbildern die Klage, daß die sogenannten »Sekundärtugenden« – damit sind vor allem Leistungsbereitschaft, Pünktlichkeit, Zuverlässigkeit gemeint – zunehmend verlorengehen. Zweifellos werden die Veränderungen, denen die moderne Kindheit unterworfen ist, von diesen

Praktikern deutlicher gesehen als etwa von den Erziehungswissenschaftlern oder den Politikern. Aber sie beschreiben nur die greifbarsten, die offensichtlichsten Defizite. Die Gesamtheit der Veränderungen ist vermutlich allgemeiner und tiefgreifender, aber deshalb auch schwer zu beschreiben.

Wie soll man präzise benennen, was sich tatsächlich im Verhältnis der Generationen geändert hat? Auf welche Weise entwickeln sich junge Menschen anders, als wir es von uns selber kennen und von ihnen erwarten? Lehrer, Ausbilder und Sozialpädagogen sind mit der Beantwortung solcher Fragen überfordert. Sie können nur anhand ihrer Erfahrungen den Eindruck weitergeben, daß ein offenkundiger Mangel an verinnerlichten »Tugenden« die Schulen, manche Lehrwerkstätten und viele Freizeiteinrichtungen an die Grenze ihrer Belastbarkeit führen.

Denn es gibt sie, die Gewalt auf dem Pausenhof, die Bedrohung der Kleineren am Schuleingang, das Desinteresse an Gemeinschaften, etwa am Klassenverband. Es gibt die streunenden Jugendgruppen, die nicht wissen, wohin mit sich, und keinen Halt finden. Es gibt die abrufbereite Gewalt gegen Schwächere, sogar innerhalb der eigenen Gruppe, es gibt sie, wie wir wissen, zunehmend sogar in den Familien, nicht selten gegenüber den Müttern.

Es gibt diese Auflösung des sozialen Empfindens, des Mitgefühls, des Engagements. Sie verbreitet sich in unserer Gesellschaft allgemein, und sie ist in den Kinder- und Jugendgruppierungen besonders gravierend. Man muß weder Kulturpessimist noch Vertreter einer »Law and Order«-Mentalität sein, um solche Entwicklungen beunruhigend zu finden.

Ist es wirklich so, daß den sozialen Systemen, wie wir sie kennen, zunehmend die Grundlagen entzogen werden? Soweit es die Einrichtungen für Kinder und Jugendliche betrifft, ist jedenfalls eines ganz sicher: Niemand weiß so recht, wie es weitergehen soll.

Glück und Medienbilder

Persönliches Glück – ganz zentral haben sich die Vorstellungen davon verändert, wie es zu erlangen sei. Das ist in der Entwicklung unserer Kinder natürlich ein Punkt von elementarer

Bedeutung. Sie streben nach Glück wie alle Generationen vor ihnen. Nicht zufällig nennt die amerikanische Verfassung »Pursuit of Happiness« ein Menschenrecht. Die Suche nach Glück war in der Geschichte der Menschheit jedoch immer mit Versagungen verbunden. Immer mußte der einzelne, um sein persönliches Glück zu erlangen, sozial wichtige Leistung erbringen, Normen befolgen, Disziplin auf sich nehmen.

Mit den neuen digitalen Medien ist dies in gewissem Umfang anders geworden: Sie zeigen »Glücksversprechungen« pur. Medienbilder von Perfektion und Vervollkommnung erreichen unsere Kinder zu jeder Stunde eines Tages. Sie haben in den Computerspielen, in den digitalen Bildern der Werbespots und Videos, im Hollywood-Kino eine manchmal großartige Eindringlichkeit erreicht.

Schönheit, perfekte körperliche Schönheit zeigen diese Bilder. Oder Kraft, männlich-herbe Potenz. Oder Verliebtsein in Landschaften, die so schön sind wie Träume. Und so irreal. Unendlich viele Bilder, deren Perfektion aus dem Computer stammt. Selbst ein so traditioneller Film wie »Titanic«, der – zumindest vordergründig – nicht auf Bildeffekte setzt, besteht zu zwei Dritteln aller Außenaufnahmen aus digitalen, fiktiven Bildsequenzen. So eindringlich und phantastisch ist nichts in der realen Welt.

Für die Werbebilder, die Videospots, die Musikvideos gilt dasselbe. Sie alle sind wundervoll, geradezu vollendet. Und die Menschen, die sich in ihnen bewegen und ihre Wünsche erfüllen, sind perfekte Menschen mit perfekten Wunscherfüllungen. Es ist alles *da*, direkt vor ihren Augen.

Unsere Kinder wissen genausogut wie wir, daß diese Bildwelten nicht »wirklich« sind. Aber sie werden dadurch nicht entwertet. Vielmehr ist es so, daß die Wirklichkeit an »Wert«, an Bedeutung verliert. Sie erscheint im Spiegel dieser Bilder unattraktiv. Wo immer es die Möglichkeit gibt, die unzulängliche Realität zu verlassen und hinüberzuwechseln in fiktive Medienräume, ergreifen Kinder und Jugendliche diese. Jeden Tag werden ihnen vollkommene Traum- und Wunschbilder vor Augen geführt, und alle sind großartiger als die Wirklichkeit. Ist es da ein Wunder, daß auch ihre Wünsche immer maßloser, immer realitätsferner werden?

Das menschliche Individuum, das uns vor Augen steht, wenn wir von »Individualität« oder vom »Selbst« sprechen, hat sich dramatisch verändert. Das disziplinierte Ich, das vernünftig über sich selber und seine Möglichkeiten verfügt, das »Machbare« bedenkt und seine Wünsche daraufhin überprüft und gegebenenfalls verwirft – dieses maßvolle Ich war ein Geschöpf des Bürgertums und der Aufklärung. Heute scheint sich, vorerst nur in Umrissen erkennbar, eine andere seelische Form, eine andere Art des »Ich« durchzusetzen.

Es ist selbstbezogener, in gewisser Weise »rücksichtsloser«. Jeder Verzicht fällt dem modernen Kinder-»Ich« ungeheuer schwer und bindet, wo er doch geleistet werden muß, die seelischen Kräfte über eine lange Zeitspanne hinweg. Lehrer und Sozialpädagogen berichten immer wieder davon, wie buchstäblich fassungslos Kinder reagieren, wenn sie Wünsche aufgeben müssen. Darauf sind sie nicht (ausreichend) vorbereitet.

Eine Grundschullehrerin beschrieb diesen Vorgang auf einem pädagogischen Kongreß so: »Meine Schüler erscheinen mir seelisch extrem anfällig. Jede kleinste Enttäuschung endet in einer Katastrophe. Sie geraten entweder in eine ganz unverhältnismäßige Wut, oder sie setzen sich gar nicht erst zur Wehr. In jedem Fall scheinen sie seelisch hilflos zu sein. Mir kommt es oft so vor, als würden sie Konflikte nicht aushalten und lieber aus der Wirklichkeit weggleiten.«

Diese Beschreibung kann jeder Pädagoge bestätigen. Es ist extrem schwierig, in Klassenzimmern, in Jugendzentren oder auf Ferienreisen mit Kindern einen Konflikt wirklich auszutragen, ihn – wie es in der Pädagogensprache heißt – zu »bearbeiten«. Die Kinder weichen fast immer aus. Sie leugnen die Existenz des Problems und warten ungeduldig, daß sie in ihre Medienwelten zurückkehren und sich dort für mögliche Frustrationen Ersatz verschaffen können. Sie versprechen sich offenbar wenig von einer offenen Auseinandersetzung um irgendwelche strittigen Fragen. Regeln, Verbote, Einschränkungen – sie werden sie gegebenenfalls ignorieren oder zu umgehen versuchen. Aber sie wollen sie nicht begründet bekommen, sie wollen sich auch nicht gegen sie auflehnen, sie wollen sich überhaupt nicht »auseinandersetzen«. All das, scheint es, belastet sie übermäßig und überfordert sie.

In gewisser Weise haben sie das Allmachtsgefühl, das für Kleinkinder typisch ist, nicht wirklich verlassen. Ein Kind wird ja früh mit Verzicht konfrontiert. Das ist auch heute noch, wenngleich gemildert, der Fall. Kinderwünsche traten (und treten) unaufhörlich in Konflikt mit der Wirklichkeit. Ein Kind will niemals dieses *oder* jenes, es will immer dieses *und* jenes. Kinderwünsche sind total. Aber die Kinder der früheren Generationen lernten zeitig, daß sie nur sehr Weniges aus dem verführerischen Angebot der Wirklichkeit bekommen konnten. Von der Märklin-Bahn gab es die Lokomotive und der anzuschließende Personenwagen wurde auf den nächsten Geburtstag verschoben. Die Lokomotive zu bekommen hieß gleichzeitig, auf den Personenwagen oder das Bahnwärterhäuschen verzichten zu müssen. Es gab eine Art natürlichen Mangel. Der Verzicht, das Nicht-Erfüllte wohnte jedem Geschenk inne.

Über lange Zeiten konnte man es sich anders gar nicht vorstellen. Genau das hat sich weitgehend geändert. Bis zu einem gewissen Grad ist die Kapitulation der Kinderwünsche vor der Wirklichkeit geschwunden. Selbstverständlich muß auch heute ein Kind noch aus der Fülle der Teddybären einen und nur diesen einen auswählen und auf die anderen verzichten. Aber gleichzeitig kann es zu Hause vor dem TV-Bildschirm oder im Computerspiel in eine Welt hineinstarren, in der *alles* vorhanden ist. Mit diesem »alles« kann es spielen, am Computer inter-agieren. Allein die schnelle Folge der Bilder bewirkt eine Art Sättigung, zumindest eine Beruhigung der unruhigen Wünsche.

Sicher, oft ist es nur eine »Ersatzsättigung«. Aber weil diese Kinder so wenig in der Lage sind, sich mit sich selber auseinanderzusetzen, ihren einerseits maßlosen, andererseits schwachen Willen zu überprüfen, greifen sie gierig nach jeder Befriedigung, die sich ihnen anbietet. Was sie als erstes permanent angeboten bekommen, das sind eben diese Perfektionsbilder auf den Medienapparaten. Sie sind großartig, von enormer Raffinesse und lassen die Kinder gleichzeitig oft so leer.

Es fällt ihnen schwer, diese Bilderwelt wieder zu verlassen. Sobald sie in die Normen des Alltags und der Realität eintreten, stoßen sie ja doch nur auf erneute Konflikte, erneute Überforderungen. So zieht es sie immer wieder in die eigenwillige Zwischenrealität der Medien zurück. Dort ist alles im Überfluß vorhanden, nicht nur die erstrebenswerten Dinge, nicht nur alle 150 Pokémons und das Versprechen, daß es demnächst weitere 50 geben werde, nicht nur diese materiellen Wünsche – nicht nur diese sind in erschöpfender Weise präsent. Unsere Kinder finden in den digitalen Medien auch perfektionierte Selbstbilder.

Action-Spiele beispielsweise sind so angelegt, daß der kleine Spieler im Verlauf eines Spieles im Cyberspace überlebensgroß erscheint, sein Ego wächst, während er alles aus dem Weg knallt, was sich ihm entgegenstellt. Mit jeder Aktion übt er sich in narzißtischen Größenphantasien ein. In neueren Spielen kann er sein eigenes Bild in die Aktionslandschaft einscannen. Dann ist es endlich ganz unmittelbar das »Ich« eines Spieler, das im Cyberspace als Held siegt und rast und jeder Kontrolle entgleitet. An der Perfektionierung dieses Gags wird heftig gearbeitet, die Hersteller versprechen sich ein großartiges Geschäft. Vermutlich zu Recht.

Was ist so toll an Digimon?

Wir Älteren beharren gern darauf, daß es sich bei diesen Computerspielen, Werbe- und Kinobildern um mediale Ereignisse, eben nicht um Realität handle. Wir führen gern die tatsächliche Realität, auf die es letztlich ankomme, ins Feld – im Gegensatz zur Scheinwelt der medialen Angebote und Verführungen.

Wir sagen beispielsweise oft, daß das Computerspiel den Kindern nur die Zeit für ihre Hausaufgaben wegnimmt. Wir beharren mit anderen Worten darauf, daß zuerst einmal unsere »Alltagswirklichkeit« bewältigt werden müsse. Unser »Alltag« – das ist eben Schule, Pflichten, Regeln. Danach, sagen wir, ist immer noch Zeit für Computerspiele oder für Kontakte im Internet. Aber dabei übersehen wir einen sehr wichtigen Punkt: *Unsere* kleine soziale Welt ist für unsere Kinder nur ein Teil ihrer Wirklichkeit. Sie sind auf eine Weise, die wir nur sehr mühsam zu verstehen lernen, über die Medien in übergreifendere Zusammenhänge eingebunden. Medien spielen bei der Gestaltung ihrer Zukunft eine mindestens so »reale« Rolle wie die Freunde aus dem Nachbarhaus und die Verabredungen im Sportverein. Mit ihren Computerspielen oder dem Chatten quer durchs Netz üben sie sich in ihre künftige soziale und berufliche Welt ein. Ihr Spiel ist mehr als Ablenkung von der Wirklichkeit. Es ist eine auf die Zukunft hin entworfene, eigenständige Wirklichkeitsdimension.

Tagträume, gesammelt

Gewiß, es handelt sich im Computer immer nur um Symbole, Bilder und Klänge, also um weiche, »ästhetische« Vorgänge. Unsere Vorstellungen davon, was im Leben eines Kindes wichtig ist und was nicht, sind aber seit jeher von der Fabrikarbeit und dem Handwerk geprägt. Produzieren, bauen, »etwas Nützliches schaffen« – das sind unsere Leitbilder einer »richtigen« ernsthaften Tätigkeit. Sie treffen nicht einmal mehr auf die Berufswelt der Erwachsenen zu. Um so weniger auf die künftige Berufswelt der Kinder. Aber sie prägen unsere tief verinnerlichten Wertvorstellungen. Deshalb fällt es uns schwer, die Bedeutung dieser symbolischen, ästhetischen Vorgänge im Computer angemessen einzuschätzen und zu akzeptieren. Wenn unsere Kinder sich mit ihren Computer- oder Game-Boy-Spielen, mit realitätsfernen Figuren wie den Pokémons für diese »weiche« Datenwelt trainieren, dann haben selbst die aufgeschlossensten Eltern das Gefühl, das »richtige Leben« spiele sich woanders ab und ihre Kinder würden davon nur abgelenkt. Selbst bei ihnen bleibt meist ein Rest von Unverständnis.

Die neuen Kult-Filme oder digitalen Spielzeuge der Kinder, sie muten uns so fremdartig an. Bleiben wir noch einen Augenblick bei den Pokémons. Sie haben keinerlei Vorbilder in der Wirklichkeit. Sie sind nicht der Realität entnommen, keine Tiere, keine Menschen. Es sind auch keine Symbole in dem Sinne, daß sie »für etwas« stehen, etwas darstellen. Sie sind pure Fiktionen, kleine Monster mit unterschiedlichen Prägungen, abstrakte Figurationen. Vor einem halben Jahrhundert hätte man sie einer abstrakten Kunstform zugerechnet. Inzwischen haben wir uns auf diese sinnlichen Abstraktionen so weit eingerichtet, daß sie uns kaum noch überraschen.

Freilich können wir Erwachsene uns ihre Faszinationskraft auch nicht ganz erklären. Die Namen dieser Nicht-Wesen haben keinerlei Bezug zu unserer Sprache, die Gesichter keinerlei Bezug zu unserer Mimik, die Geschichten keinerlei Bezug zu den Legenden und Märchen unserer Kultur.

In diesen Pokémon-Comics, den Game-Boy-Spielen, den Nintendo-Spielen, TV-Serien und Sammelkarten ist es gerade so, als sei die Wirklichkeit völlig ausgelöscht. Was da stattfindet, ereignet sich in einer Art »Leerraum«. Flach gezeichnete Gesichter, knallig-simple Manga-Comics und ungelenkes Design, sie haben keine Geschichte und erzählen keine Geschichten. Nach unseren Maßstäben ist das alles nur banal. Darum fällt uns das Verstehen so schwer, weil wir, wenn wir etwas begreifen wollen, auf Interpretation, also auf Geschichte / Legende / Bedeutung eingestellt sind. Diese Dimension fehlt solchen Spielen.

Ganz andere Wünsche?

Das Erleben der vielen sinnlichen Unmittelbarkeiten hat weitreichende Folgen. Mit ihnen verschiebt sich der Charakter des Ehrgeizes, der Anstrengungen, die man auf sich zu nehmen bereit ist. Was nicht sofort oder in sehr absehbarer Frist erreichbar ist, was nicht mit seiner Präsenz schillert, das erscheint zunehmend unattraktiv. Konkret bedeutet dies, daß bestimmte Anerkennungen, um die sich die Vätergeneration rangelte, bei den Jungen kaum noch etwas gelten.

Wer von ihnen könnte sich schon ernsthaft vorstellen, Vereinsvorsitzender zu werden? Darum haben sich die Älteren monatelang bemüht – und tun es heute noch. Wen reizt die Position eines Filialleiters, der mühsam die Karriereleiter hinaufstrebt, wenn der Computer zu Hause den Anschluß an Börsengeschäfte parat hält, mit dem ein Jugendlicher internationale Geschäfte trainieren kann? Wer erwartet schon, sich in seinem Beruf als Tischler oder Elektromeister zu »verwirklichen«?

Dies alles heißt nicht, daß sich ein Großteil der jungen Leute nicht als strebsame Bankangestellte (mit Lebensziel

Filialleiter), als Elektromeister oder sonstwie wiederfinden werden. Aber ihre innersten Wünsche, ihre sozialen Wunschbilder und Selbstbilder werden sie mit dieser Berufsarbeit nicht erfüllen. Das macht einen beträchtlichen Unterschied.

Um sich die Gesamtheit dieser sozialen Entwicklung vor Augen zu führen, muß man nur folgendes Beispiel betrachten: Vor gerade erst zwanzig Jahren behaupteten Gewerkschaften noch widerspruchslos, wer keinen Arbeitsplatz finde, büße seine Identität ein. Darüber lachten damals nur die Punks, heute tun das auch die jungen Erwachsenen, die fixen Schüler, überhaupt alle, die an ihr Leben ganz andere Erwartungen haben, als mit einem sicheren Arbeitsplatz zu erfüllen wären. Aber selbst dort, wo die Arbeitsideologie als Ideologie (als Überzeugung) noch greift, wird sie von jungen Leuten nicht mehr empfunden.

Nein, für sie müssen die Dinge *jetzt* da sein, und sie sollen glänzen, sonst sind sie nichts wert und taugen nicht als Objekt der Begierde. Die Geschichtslosigkeit steckt in allen Dingen, sogar in den Wünschen.

Im Hier und Jetzt der Medienwelt

Ist das nur ein Mangel? Keineswegs! Es ist auch eine Fähigkeit, die wir Erwachsene ebenso wie die Generationen vor uns nur schwer aufbrachten – die Fähigkeit, im »Jetzt« aufzugehen, das Gegenwärtige voll auszuschöpfen und nicht fortwährend unter drückender Sorge, Ehrgeiz oder Verplanung des Lebens zu ersticken. Den Augenblick glückhaft erleben, verführbar für das Schöne zu sein – davon hat eine umfangreiche pädagogische und esoterische Buchkultur über Jahrzehnte nur geschwärmt. Die Jungen verwirklichen solche Lebensentwürfe zumindest teilweise.

Im Augenblick leben, im Jetzt: Sie können es besser als alle Generationen vor ihnen. »Sein« und Genießen, statt immer nur Besitzen-Wollen. Die Dinge der Welt erleben und kommunizieren, statt sie »haben« zu wollen, zu all dem sind sie tauglicher, als wir Älteren es sind. Wenn sie beim Techno-Tanz ganz bewußt die »Ekstase« (ein Lieblingswort der Techno-Fans) suchen, wenn sie beim Chatten im Netz Zeit und Raum vergessen, wenn sie sich beim Computerspiel über viele Stunden hinweg in rätselhafte Aufgaben versenken – was tun sie dann anderes als das, was Erich Fromm in seinem Bestseller *Haben oder Sein* proklamierte? Den Tag mit allen Sinnen intensiv erleben, statt ihn der Sorge zu opfern – in wie vielen psycho-pädagogischen Ratgebern ist nicht genau das gefordert worden? Kurz, die Datenwelten ermöglichen einen Lebensentwurf, der in der Industriekultur nur ein Traum, eine Utopie war. Die Kinder machen Ernst damit. Und wir schauen ihnen eingeschüchtert dabei zu.

Aber das ist doch nicht die Realität, wenden wiederum nicht wenige Eltern und Lehrer ein, das ist doch nur die »Scheinwelt der Medien«. Die da so laut rufen, gehen wie selbstverständlich davon aus, daß nur das »real« und »wirklich« sein kann, was Mühsal erfordert, was Aufschub und Verzicht voraussetzt. »Wirklich« ist für sie immer nur das, was erarbeitet werden müßte. Was *jetzt* glänzt und verführt, kann nicht »real«, muß ja Schein sein! Um es – formelhaft – zu wiederholen: Wer so argumentiert, ist mit seinem Weltbild noch ganz der industriellen Arbeitskultur verhaftet. Sie, und nicht die gesellschaftliche Realität, liefert ihm die Einwände gegen die leichtlebige digitale Kultur, die sich in den Medien auf eine komplex-verspielte Art etabliert.

Anders lernen, anders erziehen

Was bedeutet das für unser Zusammenleben mit den Kindern? Wenn es nicht mehr darum gehen kann, Verzicht zu fordern, wenn Disziplin nicht mehr eingeklagt wird, dann könnte man ja auch provokant fragen: Wozu dann noch Erziehung?

Schon die Dreijährigen kennen sich heute in den Computerspielen aus. Und was sie noch nicht an Lösungen und Kniffligkeiten bewältigen können, das bringen sie sich selber bei, beweglich, leicht, frei. Anleitung und Erziehung im traditionellen Sinn brauchen sie dafür nicht. Es ist auch gar nicht ausgemacht, ob sich die Fünf- und Sechsjährigen bei einem offenen Zugang zum Internet und seinen multimedialen Symbolen nicht den Umgang mit Schriftzeichen einfach selber beibringen könnten. Sie springen unbefangen, der digitalen Technik folgend, durch die symbolischen Ebenen: vom Bild zum Klang, vom Klangbild zum Schriftzeichen. Vielleicht lernen sie dabei Lesen und Schreiben auf mühelosere Art, als wir es im Rahmen schulischer und häuslicher Disziplin auch nur erahnen können.

Im übrigen spielt – am Rande bemerkt – der eine oder andere Rechtschreibfehler, der im Schulheft sofort angekreidet würde und in jedem Buchmanuskript unangenehm auffiele, bei den Netz-Kontakten keine Rolle. Das Internet steckt voller Fehler im Sinn der alten Lernkultur, zugleich voller neuer Symbolzeichen, die immer wieder verändert werden – dies alles könnte, zusammengenommen, durchaus dazu führen, daß eine ganz andere Schriftkultur entsteht, die unseren Kindern angemessener ist und die sie leicht beherrschen oder zu beherrschen lernen; ein praxisnahes, handlungsorientiertes Lernen, von dem die Reformpädagogik immer schwärmte. Freilich wäre es ein Lernen ganz – oder weitgehend – ohne Lehrer, und das hat noch nie eine Pädagogik gewollt.

Aber was würde dabei aus der »individuellen Entfaltung« eines Kindes, der gelenkten Förderung seiner Talente, dem sorgfältigen Aufbau seiner sozialen Kontakte, dem Heranreifen seines Selbstbewußtseins? Geht dies alles nicht verloren, wenn wir die wichtigsten Schritte der kindlichen Entwicklung den Medien überlassen?

Nun, zum ersten ist nicht die Rede davon, das soziale Lernen vollständig den Computern zu überantworten. Es ist lediglich davon die Rede, daß die virtuellen Medien bestimmte Erfahrungen und Selbsterprobungen ermöglichen, die es in den traditionellen Medien nicht oder zumindest nicht auf solch faszinierende Weise gibt. Die Formen der Intelligenz, die ein Kind im Cyberspace erwerben kann, die andere Sinnlichkeit, die sich im Umgang mit fiktiven Bildern einstellt – all das soll und muß in unsere Bildungsideen und -ideale einbezogen werden. Welche Arten von Intelligenz, welche sinnlichen Wahrnehmungen damit gemeint sind, werde ich in den beiden folgenden Kapiteln beschreiben.

Zum zweiten gibt es gerade im Internet eine Fülle von Selbstverwirklichungen, die einen ganz eigenen spielerischen Charakter haben: Als »Avatar« können schon die Acht- und Neunjährigen beim Multi-Player-Spielen im Netz verschiedene Rollen einnehmen und sich in sozialer Sensibilität üben, als Held, als Verlierer, als Böser oder als Guter. Das kindliche »Selbst«, das sich dabei erprobt und kennenlernt, ist freilich viel weniger festgelegt, viel weniger konturiert, als es in traditionellen »Identitätskonzepten« beschrieben wird. Aber wer sagt denn, daß dies nur ein Verlust ist? Auch in den symbolischen Erlebnisweisen kann man die Welt und zugleich sich selbst erkunden.

Ein gängiger Einwand lautet auch hier, daß der Umgang mit Computerwelten »oberflächlich« bliebe, ohne Komplexität, ohne analytische Anstrengung. Das ist nur teilweise richtig. Gerade in den Computerspielen und in den Kommunikationen im Internet über solche Spiele gibt es beispielsweise Rätselaufgaben von enormer Komplexität. Meine persönlichen Lieblingsspiele »Myst« und »Riven« etwa enthalten immer komplizierter werdende Verschachtelungen von Bedeutungen; wie bei der ägyptischen Sphinx erzeugt jede Lösung neue Rätsel. Mangel an Intellektualität kann man solchen Spielen kaum vorwerfen, das verschachtelte Spiel der Dimensionen ist von enormer Kompliziertheit – kein sozialkritisches Jugendbuch hält da mit.

All dies zeigt: Wir tun uns schwer, die alten Bildungsmedien und den alten Erziehungsauftrag mit seinen Konzepten von Individualität mit den neuen Medien und Individuierungsformen in Einklang zu bringen. Wir müssen viel genauer hinsehen, als wir es in der erziehungswissenschaftlichen und therapeutischen Literatur bisher getan haben, wenn wir der ganzen Tragweite der Veränderungen auf die Spur kommen wollen.

Neuere wissenschaftliche Ergebnisse, um dies kurz hinzuzufügen, sprechen auch nicht für den Vorrang der herkömmlichen pädagogischen Methoden. Die Fraunhofer-Institute haben bereits vor Jahren eine Studie herausgebracht, wonach die durchschnittliche Intelligenz der Kinder und Jugendlichen im Wachsen begriffen ist. Die Autoren führen diese erfreuliche Entwicklung auf die Vielfalt von Wahrnehmungsvorgängen in den Computerspielen zurück. Noch nie, so sagen sie, waren Intelligenz und Kreativität einer Kindergeneration so umfassend trainiert wie bei den »Computerkindern«. Das Europäische Institut für Medienforschung in Marl kommt zu ähnlichen

Resultaten. In einer 1999 veröffentlichten Studie wird dargestellt, daß Kinder und Jugendliche aus unteren sozialen Schichten nach einem Training mit kommerziellen Computerspielen über deutlich verbesserte Konzentration und Wahrnehmungsfähigkeit (Aufmerksamkeit) verfügen.

Die Veränderungen greifen tief. Wir stehen tatsächlich am Übergang von einer alten zu einer neuen Kultur, einem neuen Zeitabschnitt der Geschichte. Da ist es kein Wunder, daß wir so unsicher sind. Ratsam ist es für Eltern und Pädagogen aller Art, den Blick nicht allein auf die Defizite, die Gefahren zu konzentrieren. Es gibt sie, kein Zweifel. Wir werden im Verlauf dieses Buches noch ausführlich darauf zurückkommen. Aber gleichzeitig gibt es auch die Chancen, von denen ich einige skizziert habe. Unsere Aufgabe besteht nicht darin, die Kinder darüber zu belehren, wie ein richtiges Leben auszusehen habe. Sie besteht vielmehr darin, sie bei den schwierigen Schritten in eine neue Kultur und Berufswelt behutsam zu begleiten.

2. Kapitel

Der ständige Umgang mit dem Internet kann durch seine Flüchtigkeit auch Freiheit bedeuten, er kann aber auch eine permanente, auf Dauer langweilige Oberflächlichkeit zur Folge haben und in Kommunikationsprozesse einüben, die ganz ohne Verläßlichkeit und Beständigkeit sind. Belege dafür gibt es genug, und zwar für beides: für Offenheit ebenso wie für Oberflächlichkeit.

Ein Beispiel für die neue Offenheit: Im Internet kann man etwa beobachten, wie Jugendliche und junge Erwachsene ihre Ideen – das sind immer Ideen aus der neuen Medienwelt, lukrative Ideen möglicherweise – ungezwungen ins Netz stellen und zur allseitigen Verwendung, zur Weiterführung, Ergänzung und Kritik freigeben. *Wir* sind es dagegen gewohnt, unsere Ideen zu hüten, sie auszuarbeiten und sorgfältig zu Ende zu bringen, bevor wir sie als unseren geistigen (und manchmal materiellen) Besitz öffentlich vortragen.

Diese Ungezwungenheit, sich unmittelbar in öffentliche Kommunikationsräume zu begeben und im Kommunizieren selber einen höheren Wert zu sehen als im Besitzen, die ist in der Tat neu, eine neue soziale Kultur im Internet. Unsere Kinder werden sie wohl noch weiterentwickeln. Wahrscheinlich wird es viele weitere neue »Tugenden« geben, die die uns vertrauten alten Werte ablösen. Wir können sie aber erst in groben Umrissen und sicher nur sehr unvollständig erkennen.

Kathrin chattet und ist einsam

Und was heißt Oberflächlichkeit, Unverläßlichkeit? Im Netz weiß keiner von mir, wer ich in Wahrheit bin, und keiner interessiert sich dafür. Wichtig und interessant ist lediglich meine momentane Präsenz, meine augenblickliche Darstellung. (Wenn ich mich lange genug und oft genug auf solche Kommunikationsformen eingelassen habe – könnte es nicht sein, daß ich mich zum Schluß selber nicht mehr dafür interessiere, wer ich tatsächlich bin?)

Aber was heißt schon: »wer ich bin«. Ich bin das, was ich kommuniziere. Eine Authentizität darüber hinaus gibt es nicht – nicht, solange ich mich in der virtuellen Welt aufhalte.

Ich denke an Kathrin. Sie ist vierzehn Jahre alt, eines der wenigen Mädchen in meiner Praxis, die sich intensiv für die neuen Medien interessieren und sie auch nutzen. Wofür? Für ein seltsames, verrücktes Spiel, das sie mit sich selber spielt. Sie klinkt sich nahezu jeden Tag ins Internet ein, sucht News-Gruppen und andere Talk-Ecken auf und ist jedesmal eine andere. Für eine Gesprächsrunde ist sie die depressive, verwöhnte Göre, für eine andere ein leicht nymphomanes »Girl«, eine dritte und vierte Kathrin gibt es auch noch. Sie haben alle dieselbe Urheberin, darüber hinaus haben ihre verschiedenen Identitäten im Netz keine Gemeinsamkeit. Kathrin spielt Rollen, nein, sie *lebt* bis zu einem gewissen Grad diese Rollen, denn ihre Gesprächspartner quer durchs Netz haben keine Ahnung davon, daß sie mit einer fiktiven Kathrin chatten – einer, die es außerhalb von Kathrins Spielen gar nicht gibt. Das hat etwas von Karneval, von Halloween, von erotisch gefärbten Maskenspielen und ist doch nirgends so perfekt auszuleben wie im Internet, wo eben jeder ganz allein ist, während er mit einem anderen Menschen oder einer Gruppe von Menschen kommuniziert.

Kathrin genießt diese Momente, in denen sie ganz in eine der Rollen eintaucht und beinahe vergißt, wer sie »in Wirklichkeit« ist. Man braucht, wenn man ihr zuhört, nicht allzu viel Einfühlungsvermögen, um zu erkennen, daß die Frage »Wer bin ich?« für sie immer abstrakter, immer gleichgültiger wird. Natürlich, sie ist Kathrin mit einer ganz bestimmten Biographie, einem festen Wohnort, Eltern, Schule, und doch ist sie in gewissen Teilen ihres Lebens auch diese und jene Rolle, und alle Rollen haben eines gemeinsam: Sie sind *nicht* Kathrin.

Man braucht wiederum nicht allzuviel Einfühlungsvermögen – und erst recht keine psychologische Ausbildung –, um zu verstehen, daß dieses junge Mädchen eine soziale Angst überspielt. Und auch diese Tatsache erscheint mir – über das Beispiel Kathrin hinaus – kennzeichnend für die Kontakte im Netz. Es sind so viele »Ichs« im Netz, so viele Leben und Lebensgeschichten, und doch wird unaufhörlich Banales, Gleichgültiges ausgetauscht. Keiner berichtet wirklich von sich, es würde wohl auch keiner zuhören. Die vielen »Ichs«: Ich glaube, sie sind auch deshalb im Netz, um sich vor den anderen und vor sich selber zu verstecken.

Eben dies, die Undeutlichkeit des »Ich« und des »Du«, ist typisch für die Kommunikationskultur im virtuellen Raum. »Ich« will nichts von »dir« in Erfahrung bringen, ich will ein bißchen Aufregung, ein bißchen Offenheit, ein bißchen Spannung, ich will das alles ständig »im Griff« haben. Ist sie spannend, unsere Kommunikation, dann ist sie gelungen, mehr braucht es nicht. Wird sie langweilig, breche ich sie ab, oder du brichst sie ab – das ist ganz gleichgültig.

Alles ist gleichgültig, was über den Moment hinausreicht. Und insofern kann ich – »ich«! – mich in dieser oder jener Rolle im Netz darstellen, ich kann sein, wer ich will, ich kann meine phantasievollsten Größenbilder so präsentieren, als seien sie real. Ich kann mein Ich ausdehnen in den leeren Raum des Netzes hinein. Ich finde keinen Widerstand, aber auch keinen Halt.

Uralte Träume der Menschen – im Computer

Das sind Beispiele dafür, wie die neuen Medienwelten unser soziales Verhalten verändern. Die Veränderungen, von denen wir hier sprechen, sind unmittelbare Resultate der Spiele am Computer, der digitalen Bilder und ihrer Verarbeitungen, und der Kommunikationen im globalen Verbund. Deshalb kann man *außerhalb* dieser Medien kaum vernünftig darüber reden. Abstrakte Werteappelle beispielsweise machen nicht den geringsten Sinn. Sie erreichen die Kinder und Jugendlichen, die in ihren virtuellen Erlebnisweisen befangen sind, nicht.

Unsere pädagogischen und sonstigen Debatten scheinen überhaupt auf gespenstische Art am Lebensgefühl der Kinder und Jugendlichen vorbeizulaufen. Die neuen Medien und ihre Bilder, ihre Eindrucksmächtigkeit aus Klang und Zeichen, ihre mächtigen Symbole haben eine eigenwillige Kraft. Solange wir die nicht verstehen, haben wir gar nichts verstanden.

Woher beziehen die virtuellen Welten ihre Eindringlichkeit? Eine Reihe von Gründen haben wir genannt. Offenheit, Ungebundenheit, die Leichtigkeit der elektronischen Bilder, die Freiheit der Kontakte, der phantastische Charakter des Cyberspace ... Mir kommt es immer so vor, als hätten diese Bildwelten mittels der digitalen Apparate Ähnlichkeit mit den uralten Träumen der Menschheit. Vor allem der Traum des

Ikarus fällt mir ein. Ikarus, der sich aus der Realitätsschwere des minotaurischen Labyrinths löste und aufflog, direkt ins Licht hinein, in das reine, verschmelzende, aufsaugende »Dasein«. Gewiß, Ikarus scheiterte, die mahnende väterliche Stimme, die Stimme der Vernunft, behielt am Ende recht. Sie hatte ja die physikalischen und die göttlichen Gesetze auf ihrer Seite. Aber der moderne Ikarus, der sich mit seinen flüchtigen Tagträumereien in eine moderne technologische Kommunikation einübt, der wird nicht scheitern. Er kommt in der Realität an – in einer neuen!

Sie langweilen sich viel zu oft

Allerdings geht es mir, wenn ich über die modernen Kinder nachdenke, immer so, daß mir bei jeder positiven Wendung sofort ein anderer Aspekt einfällt: ein gegenläufiger, ein dunkler. Zum Beispiel dieser: die Langeweile.

Sie ist allem Anschein nach ein zeitraubender Bestandteil des modernen Kinderlebens. Kein Zweifel, sie langweilen sich mehr, als wir es früher taten. Sie haben natürlich die unkontrollierten Spielgelände, die Wälder, die Teiche und Wiesen nicht mehr zur Verfügung, wie wir sie hatten. Dieser freie Raum, in dem sich Phantasie entfaltete, ist ihnen genommen worden. Sicher ist es auch so, daß die Enge der Städte Langeweile geradezu fördert. Der Hang zu Risiken und Abenteuer und gelegentlich zu verzweifelt-verrückten Handlungen – wir sprechen dann von »crash-kids« – hat wohl auch damit zu tun. Das ist durch wissenschaftliche Untersuchungen ja oft genug belegt worden.

Und doch ist es nur ein Teil der Wahrheit. Ein anderer Teil liegt, denke ich, darin, daß die intensive Nutzung der elektronischen Medien die Kinder in gewissem Sinn leer zurückläßt. Die elektronischen Medien sind, wie ich an anderer Stelle dieses Buches erklären werde, gewissermaßen *in sich selber zentriert*. Sie drehen sich in und um sich selber. Realität nehmen sie nur ausschnitthaft oder gar nicht zur Kenntnis. Das heißt für die Spieler am Computer oder für die Kommunizierenden im Netz, daß sie entweder *drin* oder *draußen* sind. Es gibt so wenige Zwischenräume, so wenige Grauzonen.

Nach einem aufregenden Fußballspiel kann man noch

stundenlang miteinander streiten, sich versöhnen, sich auf- und wieder abregen – Zwischenräume der Kommunikation, in denen ein Mensch verarbeitet, was passiert ist. Über die Spiele im Netz oder im Computer kann man kaum reden, schon gar nicht stundenlang. Sie haben einen anderen Charakter. Sie sind auf sich selber begrenzt. Nach einem Nachmittag oder einer halben Nacht in den Räumen des Internet hat man – anders als die Reisenden der »realen Welt« – nicht »viel zu erzählen«, eigentlich gar nichts.

Alles, was dort passiert, ist so sehr auf ein isoliertes Ego bezogen, daß es kaum mitteilbar ist. Es bedarf der Mitteilung auch nicht. Es gibt eigentlich keinen Grund, solche Spiele oder Kontakte mit anderen zu teilen. Sie sind sich selber genug. Man ist sich als Surfer selber genug. Freilich, Menschen halten es offensichtlich nur für sehr begrenzte Zeit allein mit sich aus. Egozentrik endet in einer inneren Leere, zuletzt eben in Langeweile.

Spiele: zu zweit allein

Ein weiterer Aspekt kommt hinzu. Er ist von den erziehungswissenschaftlichen Studien schon vor mehreren Jahren beobachtet worden: Unsere Kinder spielen nicht mehr – wie in früheren Zeiten – mit Vorliebe in Gruppen. Sie treffen sich vielmehr zu zweit, allenfalls zu dritt, sie bilden sozusagen kleine störungsfreie Gemeinschaften.

Sie scheinen eine Art von Gemeinsamkeit zu bevorzugen, in der nicht die Gemeinschaft, sondern das Ego im Vordergrund steht. Die mitspielenden Kinder sollen so funktionieren, daß das »Ich« zu seinem größtmöglichen Recht kommt. Das läßt sich zu zweit gerade noch ausbalancieren, zu dritt schon sehr viel schwerer, in größeren Gruppen gelingt es nicht.

Das erklärt auch, warum Kinder heute ihre Freundschaften so schnell wechseln. Sie haben einen Freund für diesen Lebensbereich, einen weiteren für ein anderes Interessengebiet – das war's. Computerspiele der aggressiven Art spielt man mit Georg, Strategiespiele besser mit Franz. In den Sportverein geht man mit Lukas, vielleicht weil sein Vater den Chauffeur macht. Es sind weniger die Beziehungen als solche, die im Vordergrund stehen, als vielmehr die jeweiligen Dinge, Vorlieben und Aufgaben, die man miteinander teilt. Bindungen an eine Gruppe gibt es kaum, Treueschwüre oder Blutsbrüderschaften wie in früheren Freundesgruppierungen werden nicht geschlossen.

Dieser – empirisch belegte – Befund ergänzt sich mit dem, was wir über die Disziplinierung des Wünschens gesagt haben: Immer steht bei den Kindern der eigene Wille so massiv im Vordergrund, daß er durch nichts anderes verdrängt werden kann. Gemeinschaftlichkeit ist dann kaum noch möglich. Freundschaft schließt man unter solchen Voraussetzungen nur schwer. Das Zusammensein der Kinder ähnelt eher Interessengemeinschaften, die man braucht und benutzt und ohne Bedauern wieder verläßt, wenn sie ihren Zweck erfüllt haben. Nach meinen Erfahrungen nehmen viele Kinder nur sehr zögernd tiefe emotionale Kontakte auf. Sie sind immer viel zu sehr darauf bedacht, ihren eigenen Willen, ihre eigenen Wünsche durchzusetzen. Wo gefühlsmäßige Bindungen fehlen oder schwach ausgeprägt sind, da entstehen natürlich auch keine gemeinschaftlichen Werte und Verhaltensweisen.

Zugleich zeichnet sich aber auch eine gegenläufige Entwicklung ab. Mit ihrem Hang zur ausgeprägten Individualisierung haben diese Kinder offensichtlich ein Grundbedürfnis des Menschen vernachlässigt – und das scheint ihnen ganz allmählich aufzugehen! Allem Anschein nach gibt es bei ihnen *auch* eine diffuse Sehnsucht nach Gemeinschaftswerten und Gemeinschaftsformen. Man weiß aber nicht recht, wie man sie herstellen, und schon gar nicht, wie man sie verläßlich gestalten soll. Um so anfälliger sind viele Kinder für von außen aufgedrängte, manipulierte Formen von Gemeinschaft. Beides, scheint mir, ist unser Erziehungs- und Bildungsauftrag: die Förderung des Gemeinschaftlichen und die Begrenzung der Manipulationen, die auf unsere Kinder einwirken.

Zwischenruf eines Vaters

Vater Eine recht verwirrende Geschichte, die Sie da erzählen.
Autor Ja?
Vater Sie sagen doch, wenn ich es richtig verstehe, daß

so wertvolle Tugenden wie Bewahren, Sorgfalt und dergleichen auch damit zu tun haben, daß wir egoistisch die Dinge im Besitz haben.

Autor So ist es. Was wir »schwarz auf weiß nach Hause tragen«, um es mit den Worten des Dichters zu sagen, darum kümmern wir uns, das ist uns zu eigen. Das Eigene bewahren, das ist die Grundstruktur der alten Individualität und ihrer Tugenden, zu denen wir unsere Kinder erziehen wollen. Doch zu diesen sehr angenehmen Verhaltensweisen gehörte immer auch eine gewisse seelische Verhärtung. Ich habe ja vorhin vom Verzicht gesprochen. Er hinterläßt in den seelischen Strukturen gewisse verhärtete Stellen, an denen das Wünschen sich zusammenballt. Man hat viel Ehrgeiz und viel Eifer auf das Erreichen eines Ziels gesetzt. Nun wird alles auf dieses eine Ziel fixiert. Die ganze Seele zieht sich gewissermaßen auf diesen einen Punkt zusammen. Diese äußerste Anstrengung, die einen überaus egozentrischen Charakter hat, ist die Voraussetzung für die Leistungsbereitschaft und Disziplin, zu denen wir unsere Kinder anhalten möchten. Das alles sind Merkmale der alten Individualität.

Vater Und die, sagen Sie, gibt es jetzt nicht mehr?

Autor Das wäre übertrieben. Aber man kann bei aufmerksamer Beobachtung durchaus sehen, wie unsere Kinder parallel zu der alten Leistungskultur eine freie Form von Kommunikation entfalten, die ganz offensichtlich am Modell der neuen Medien gelernt ist. Das ist in gewisser Weise eine sehr positiv gestimmte, eine hoffnungsfrohe Kultur. Die Kinder und Jugendlichen gehen immer davon aus, daß – wie im Internet! – alles in Überfülle vorhanden ist. Sie gehen sorglos mit sich selber, den Dingen, sogar ihren Ideen um. Alles wird sofort in die Kommunikation, den freien Austausch der Gedanken, Ideen und Menschen eingegeben. Selbstverständlich bedeutet das auf der anderen Seite eine gewisse Einbuße an disziplinierten Verhaltensweisen. Leistungswille, Ausdauer, Ehrgeiz, all diese Eigenschaften gibt es natürlich auch weiterhin. Aber sie erscheinen mir, wie soll ich sagen, *aufgebbarer*.

Vater Und der Preis dafür – der seelische, kulturelle?

Autor Ist möglicherweise hoch!

3. Kapitel

Wir beobachten, daß sich die Kinder der Fülle der medialen Eindrücke zwar aussetzen, aber merkwürdigerweise relativ ungerührt bleiben. Sie sind geübt darin, jede Schockwirkung eines Kinobildes, jede Klanginnovation abzufedern.

Es ist so, als hätten sie einen gewissen Wahrnehmungspanzer in sich aufgebaut, der freilich auf differenzierte Weise durchlässig ist. Alles nehmen sie auf, alles erreicht sie, doch nichts von den vielen Medienereignissen scheint sie wirklich tief zu berühren. Ihre Sinne »streunen« einfach durch die Medienwelt. Sie wirken dabei so, als seien sie andauernd auf der Suche. Wir werden in späteren Kapiteln sehen, daß wir das unbewußte Ziel dieser Suche durchaus benennen können. Sie langweilen sich schnell, wie gesagt, was nicht zuletzt damit zu tun hat, daß sie zu dauerhaften Bindungen wenig begabt sind.

Ihre Gruppen zerfallen immer wieder, dann sitzen sie allein zu Hause, wissen nichts mit sich anzufangen und warten auf den nächsten Reiz – oder auf einen Anruf, von irgend jemandem. Häufig enden ihre freien Nachmittage dann doch am Fernseher, obwohl sie Fernsehen als langweilig bezeichnen. Vor dem Bildschirm entsteht eben diese umhüllende Versorgungssituation, der man sich nur passiv hingeben muß. Da bleiben sie dann hocken, vertrödeln ihre Zeit und wirken am Abend mürrisch und unbefriedigt. Man hat überhaupt oft den Eindruck, daß sie jederzeit in eine träge Passivität abzugleiten drohen.

Zur Philosophie der Computerspiele

Bis vor wenigen Jahren haben wir in unserer westlich-abendländischen Kultur die Fiktion der selbstbestimmten, selbstverantwortlichen menschlichen »Individualität« aufrechterhalten. Nun stellen die Informatik, die Gehirnforschung und die Hermeneutik diese Grundsätze in Frage.

Der einzelne Mensch, der sich ins Internet einklinkt, ist nur eine winzige Information in einem komplexen universalen Netz. Die Fülle der Daten, die »chaotische Masse« von Daten ist unüberschaubar. Wir können sie als einzelne nicht ordnen, wir können sie nicht zählen, wir können sie nicht sortieren. Es gibt überhaupt keine Form des individuellen Wissens, das die Datenmenge im Netz umfaßt. Das informationstechnologische Wissen ist immer weiter, als es für den einzelnen Menschen erfahrbar ist. Das ist der Zustand jetzt schon. *Die Maschinen wissen mehr*. Und wir sind erst ganz am Anfang.

Wir erfassen die Welt nicht mehr mit unserem Verstand. Das war die Illusion der Aufklärung, der klassischen Philosophie. Wir haben sie in unseren Schulen noch gelernt, und Lehrer versuchen heute noch, sie unseren Kindern beizubringen. Sie scheitern aber regelmäßig.

Die Kinder wissen, daß das durchschnittliche Bewußtsein hinter dem informationstechnologisch aufbereiteten Wissen hoffnungslos zurückbleibt. Eine der Folgen davon ist, daß sich begabte ältere Kinder geschickt im Internet zu bewegen wissen, in Spielen agieren und Informationen beschaffen, manchmal einfallsreiche Geschäfte tätigen. All dies ist nur möglich auf dem Hintergrund eines Selbstgefühls, das eben nicht mehr die Welt *begreifen*, *erfassen* will, sondern in ihr mitschwingt, mitsurft, mitschwimmt.

In den neueren Computerspielen wurden diese informationstechnologischen Vorgänge selber zum Spiel gemacht: ein bildgewordenes Informations- und Datengelände, das zur Interaktion einlädt. Waren es vor wenigen Jahren noch die Actionspiele – unsere Kinder und Jugendlichen nennen sie »Ego-Shooter« –, die die Hitlisten der Computerspiele anführten, so sind es heute die Strategie- und Aufbauspiele. Oft sind sie mit Action- oder Adventure-Elementen – und entsprechenden komplizierten Aufgaben – verknüpft. »Crossover« gibt es nicht nur in der Musik, sondern auch in den Computerspielen, die Genres lösen sich auf, ergänzen einander zu immer effektvolleren Kombinationen.

Ich spiele Gott

»Sim-Earth« war das erste gelungene Simulationsspiel, in dem der Schöpfungsakt nachgeahmt wurde. Entwickelt wurde es von dem mittlerweile legendären Will Wright, der einige Jahre später mit »Sim-City« einen weltweiten Erfolg landete.

In diesen Spielen geht der Spieler von einem Grundbestand von Informationen aus. Auf deren Grundlage trifft er seine Entscheidung über den nächsten Schritt, die nächste Bewaffnung, die nächsten Bebauungspläne, Verkehrsordnungen, Sicherheitssysteme und dergleichen mehr. Wichtig ist, daß den kleinen Computerfreaks durchaus bewußt ist, daß sie sich mit jedem Schritt in eine unendliche Fülle von möglichen Informationsdaten vorarbeiten. Jeder Schritt ist nur eine Auswahl aus einer Vielfalt von anderen, ebenso denkbaren Schritten. Gleichwohl hat jeder einzelne Schritt, jede einzelne Entscheidung weitreichende Bedeutung. Sie zieht alle folgenden Entscheidungen nach sich. So bauen sich aus Informationsdaten und noch mehr Informationsdaten allmählich komplexe Spielgelände auf.

Das sind in Sim-City beispielsweise Stadtteile, deren Verwaltung, deren Polizei, deren Verkehr organisiert werden muß. Sie sind ständig bedroht von hereinbrechenden Katastrophen, von Feuersbrunst, Naturereignissen oder Verbrechen. Der kleine Spieler soll über solche Ereignisse mit einer geschickten Planung Herr werden. Gleichzeitig bestimmt er – seltsamerweise – auch das Ausmaß und die Art der Katastrophe selber. In dieser denkwürdigen Paradoxie erinnert er tatsächlich an die jüdische Mystik, er ist Schöpfer und Vernichter des Geschaffenen. »Ich bin, der ich bin.«

In Spielen wie »Anno 1404« erschaffen die kleinen Spieler Lebensgrundlagen, Menschen und Menschenkollektive, Nachbarschaften feindlicher oder friedlicher Art, kooperative Gruppen und Feinde sowie Schutz gegen Feinde. Sie verfügen über Kriege und Grausamkeiten, Töten und Sterben. Und dies alles ist unaufhörlich in Bewegung begriffen, wird unaufhörlich wieder geändert, zurückgenommen, ergänzt. Neue Informationen machen aus feindlichen Heeren befriedete Völker, wieder andere Informationen zerstören Kulturen, entfesseln Aufstände oder führen zu Katastrophen. Alles ist im Fluß der Informationsdaten und von ihnen abhängig.

Das Entscheidende besteht darin, daß dem kleinen Spieler absolut bewußt ist, daß er das Spiel nicht beherrscht. Sein Ich schwingt sich nicht zum Allwisser auf. Die Kinder wissen und üben, daß sie im Spielverlauf nur über das Abrufen und Eingeben von Informationen Veränderungen und neue spielerische Entwicklungen in Gang setzen. Zwar sind sie Schöpfer dieser

Spiellandschaften, aber sie stellen ja nichts her, sie »bewerkstelligen« nichts.

Ihr Schöpfertum reicht nur so weit, wie sie Informationsdaten im Spiel nutzen, diese wiederum sind vorgegeben und festgelegt. Es sind nicht die Kinder, sondern die in der Software gespeicherte intelligente Technik, die den Rahmen der Möglichkeiten absteckt. Die Kinder rufen Funktionen ab und funktionieren selber. Es ist also eine höchst merkwürdige »funktionsabhängige Omnipotenz«, die sich im Verlauf des Spieles in die Psyche eines Kindes eingräbt.

Das Geschaffene gleitet unserem Kind zwar aus der Hand, aber zugleich ist es mit seinen Landschaften, Sequenzen und Lösungen in dem globalen Netz präsent, es kommuniziert weit über all das hinaus, was seinen Alltag ausmacht, was es kennt, was ihm vertraut ist. Es ist und fühlt sich nur als ein Teil, nur als eine »Informationsmenge« des Datenaustausches im Netz und ist zugleich in seinen Möglichkeiten zu handeln, zu denken, zu kommunizieren unendlich bereichert. Wenn man so will: Es ist eine »bescheidene Omnipotenz«, die ihm da beigebracht wird.

Unser kleiner Spieler ist Schöpfer im Rahmen eines universalen Spielgeschehens, von dem er zugleich abhängig ist. So etwas hat es früher nie gegeben, dies ist mit keinem Modell der alten traditionellen Kinderspiele vergleichbar. Es ist etwas Neues! Sicher erwächst in dem Spieler das narzißtische Gefühl der Omnipotenz. Er ist der Erschaffer, er baut, ordnet und zerstört. Aber seine Allmacht ist nur so weit gültig, als er bereit ist, sie nicht – im Sinn des »Besitzens« – für sich, für sein kleines Ich zu beanspruchen, sondern für das Spielgeschehen als Ganzes. Das Ganze wird unaufhörlich neu erschaffen. Er selbst ist ein Teil davon.

Ortlos und die Heimat im Herzen

Ist es verwunderlich, daß bei aller Faszination, die solche Spiele ausüben, gleichzeitig in unseren Kindern die Sehnsucht nach Heimat, nach räumlich-zeitlicher Überschaubarkeit, nach Verläßlichkeit wächst? Dieser Widerspruch, den unsere Kinder mit sich herumtragen, ist ein zentraler Ausgangspunkt für unsere nachfolgenden Beobachtungen und für unsere Frage, was wir ihnen als Eltern, Lehrer, Erzieher angesichts der medialen Fülle zu sagen und zu geben haben – und was wir ihnen schuldig bleiben. Damit berühren wir einen weiteren Punkt, mit dem wir uns im Verlauf dieses Buches befassen: Schulschwierigkeiten und ihre Entstehung im Kontext dieser neuen Formen der Sozialisation.

Ich denke an Timm, der vor jedem Test zittert und zagt – und sich trotzdem standhaft weigert, seine Vokabeln zu lernen oder andere Vorbereitungen zu treffen. Sie langweilen ihn zu Tode, sagt er. Lieber nimmt er seine Angst in Kauf als der Langeweile anheimzufallen. Oder Michaela: Ihre Mutter würde gern helfen, aber Micha wehrt ab. Laß' mich Ruhe, sagt sie, Lernen halt ich nicht aus. Dann zieht sie die Kopfhörer über beide Ohren, dreht den Regler nach oben und schlägt das Schulbuch auf, sie stopft in ihren Kopf, was hineingeht. Viel ist es nicht. Das meiste geht im Getöse unter.

Diese Kinder sind ihrem Widerwillen gegen abstrakte Leistungen und jede Art von Verzicht mindestens so ausgeliefert wie ihren Ängsten. Sie reagieren mit einer Mischung aus Apathie und Panik. Das ist neben der Heimatlosigkeit der zweite Punkt, über den wir ausführlich nachdenken werden.

Aus solch heilloser Gemütslage heraus in die Rolle des allmächtigen Schöpfers hineinzuschlüpfen, das ist mehr als verführerisch. Die Verführung wird dadurch verstärkt, daß die Kinder sehr wohl wissen, daß nicht das müde Schulwissen, sondern das informationelle und kommunikative Funktionieren die Zukunft ausmachen wird. Sie flüchten ja gar nicht in Scheinwelten, wie es uns Erwachsenen oft vorkommt. Sie flüchten in eine neue, sehr reale Kultur.

Die Ego-Shooter. Mehr über Computerspiele

Die »Ego-Shooter« – Action- und Adventurespiele auf dem Monitor. Da erscheinen Figuren, die hin- und herspringen, zu Boden stürzen, häufig getarnt sind und immer eine Bedrohung darstellen – der Spieler muß sie erwischen, bevor sie ihn erwischt haben.

Doch sie sind sehr schnell. Kleine, bewegliche, unkalkulierbare Feinde, die sich abrupt hin- und herdrehen und angreifen mit Laser- oder Atomkanonen –, er kann ihnen nur Paroli bieten, wenn er ganz konzentriert ist, wenn er geradezu »versinkt« in seinen Computer, den grünlich schimmernden Monitor, die Tastatur, wenn er seine ganze Umgebung und sogar sich selber vollständig vergißt. Vergessen, das ist ein Schlüsselwort in diesen Spielen.

Schießen, ohne zu überlegen, reagieren, ohne Kontrolle – wer nachdenkt, ist schon verloren. Die Sinneswahrnehmungen und die Reaktionen müssen schneller sein als der Verstand. Äußerste Konzentration, das ist das Wichtigste. Es ist eine Konzentration, in der Wahrnehmung und Reaktionsimpuls unmittelbar ineinanderfließen. Deswegen kommt sie der Mentalität unserer Kinder so sehr entgegen.

Der Aufschub, die Zwischenschaltung durch (Selbst-)Reflexion, das alles ist hier aufgegeben, nicht nur überflüssig, sondern schädlich. Wer nur einen Moment zögert, wird schon von dem feindlichen Laserstrahl getroffen und endet in einem flackernden weißen Licht, das den Bildschirm füllt. Das Spiel ist zu Ende, und dann fängt alles von neuem an ...

So schnell, wie es der Spielverlauf verlangt, kann allerdings kein Mensch denken. Insofern entwickeln die Spieler eine Art Intuition dafür, wie der rasende Ablauf eines Spieles fortgesetzt wird, wie der Erfinder des Spieles die Feinde eingesetzt, die Fallen aufgestellt, die Aufgaben verklausuliert hat. Unser Spieler muß einen Instinkt für Eigenart und Charakter der Feinde haben. Er muß sie wittern und dabei trotzdem schnell bleiben, instinkthaft schnell.

Spiele und Selbstbewußtsein

In solchen Spielformen entwickeln unsere Kinder auf unterschiedliche Weise eine Art von Selbstbewußtsein, die mit unseren Vorstellungen von kindlichem Verhalten nicht recht in Einklang zu bringen sind. Sie sind selbstbezogen – oft hat man den Eindruck, sie nehmen von der Welt nur das zur Kenntnis, worauf sich ihre Aufmerksamkeit jeweils gerade richtet –, sie beharren uneingeschüchtert auf ihrem Standpunkt, sie haben ein fundierteres Selbstbewußtsein als Kinder früherer Generationen.

Dieses Selbstvertrauen erwerben sie zu einem guten Teil durch ihr Eintauchen in die Cyber-Welten, in denen sie so gut funktionieren. Aus dem Funktionieren scheinen sie eine Art Sicherheit zu beziehen. Es ist freilich in einem gewissen Sinn eine unpersönliche Sicherheit. Sie erwächst weniger aus dem, was *Ich bin*, als dem, wie ich mich hier und da in technisch-kommunikativem Zusammenhang zur Geltung bringen konnte.

Mit ihren narzißtischen Träumen bewegen sie sich in einer Kommunikations- und Spielkultur, die auf eigenartige Weise neben der Welt der familiären und schulischen Pflichten besteht. Sie schaffen den Übergang von der einen in die andere Welt relativ leicht, entwickeln dabei aber Verhaltensweisen, die für Eltern oft schwer verständlich sind – und von Lehrern in aller Regel falsch interpretiert werden. Was dort zählt, das ist, wie ich oben schon sagte, das Ego, und das Funktionieren in einem visionellen Raum. Das Soziale muß dagegen verblassen.

4. Kapitel

Ratlos, unruhig, clever – über den Charakter unserer Kinder

Auf der Grundlage der städtischen Lebenswelt und der neuen Medienkultur entfaltet sich ein Charakterprofil von Kindern und Jugendlichen, das wir uns genauer anschauen sollten. Es kann trotz aller unvermeidlichen Verallgemeinerungen und Vergröberungen nützlich sein. Mosaikartig fügt sich aus den zahllosen Berichten in der Fachliteratur, aus Erzählungen und Zeugnissen von Lehrern, den Erfahrungen der Beratungsstellen, einigen wissenschaftlich-empirischen Untersuchungen und aus meiner täglichen Arbeit mit Eltern und Schülern ein Bild zusammen, das einige Grundströmungen der modernen kindlich-jugendlichen Verhaltenskulturen beschreibt.

Teilweise sind die Veränderungen im kindlichen Verhalten im Verlauf der letzten zwanzig Jahre so rasant geworden, daß wir ohne Übertreibung sagen können: Vieles, was heute als normal gilt, wäre noch vor zwei Jahrzehnten mit dem Stigma »auffällig« versehen worden.

Aufmerksamkeit – das zentrale Problem

Durchweg fällt bei den Kindern auf, daß sie Schwierigkeiten haben, eine Spanne der Aufmerksamkeit über einen – nach unserem Empfinden recht begrenzten – Zeitraum aufrechtzuerhalten. Aus diesem Grund können sie sich Wissens- und Begriffssysteme nur unzureichend oder mit übermäßiger Anstrengung erarbeiten. Dies führt freilich nicht, wie die traditionelle Lernmethodik annimmt, dazu, daß ihnen das Verständnis komplexer Informationen und Informationsverarbeitung schwerfällt. Sie entwickeln vielmehr eine frei experimentierende Aneignungsweise, die oft zu verblüffenden Lösungen führt.

Beispielhaft erleben wir Erwachsenen dies, wenn wir uns mit irgendwelchen technischen Problemen des Computers herumärgern. Statt eines Computerfachmannes reicht es oft, einen Zwölf- bis Zwanzigjährigen vor den defekten Apparat zu setzen – und ihm die nächsten Minuten oder Stunden mit bewunderndem Staunen bei seiner Tätigkeit zuzuschauen. Dabei zeigt sich in der Regel, daß diese Jugendlichen sich weder um Handbücher noch andere Arten des methodischen

Vorgehens kümmern. Sie fangen einfach an! Probieren hier und da herum, dies aber mit großer Geschwindigkeit und einer, wie es scheint, intuitiven Intelligenz.

Jedenfalls führt ihr planloses Agieren in den allermeisten Fällen früher oder später zu einer Lösung. Sollte die sich nicht einstellen, werden – natürlich per Handy – irgendwelche »Freunde«, die man noch nie gesehen hat, zu Hilfe gerufen, und innerhalb kürzester Zeit kann sich eine ganze Versammlung von kindlichen Experten um den Computer scharen. Dem erbleichenden Vater wird schließlich nicht etwa (wie er zwischendurch mehrfach befürchtete) ein Schrotthaufen, sondern eine technische Lösung mit Pfiff präsentiert – was immer das im einzelnen bedeuten mag.

Bloß keine Methoden

Was ich hier relativ gelassen berichte – aus unmittelbarer Erfahrung, die, wie ich weiß, von vielen Vätern geteilt wird –, wird in der Schule zu einem ernsten Problem. Der methodische und geordnete Wissenserwerb, der dort vorgegeben wird, ist diesen Kindern unangemessen. Sie haben größte Mühe, sich für den oft lebensfremden Stoff zu interessieren, noch größere Mühe, der gegliederten Stoffvermittlung zu folgen. Gründlichkeit, Exaktheit und strukturiertes, fortwährendes Arbeiten sind ihre Sache nicht.

Trotzdem sind sie offensichtlich in der Lage, eine Menge Informationen – auch solche von hoher Komplexität – zu »erfassen«. Es ist schon seltsam, daß dieselben Kinder, die im Schulunterricht rasch müde und unkonzentriert (oder überfordert) werden, bei Problemen wie der eben beschriebenen Computerreparatur so viel Geduld und Ausdauer zeigen, daß sie Teilprobleme folgerichtig angehen und sich einfallsreich um Lösungen bemühen. Es wirkt oft so, als müßten sie ihr Interesse und ihre Intelligenz zunächst einmal auf beschleunigte Art in Gang bringen, bevor sie sich konzentriert einem Thema oder einem Problem zuwenden können. Penible Vorgehensweisen sind ihnen dabei in jedem Fall fremd. Sie neigen zu intuitiv-innovativem Verhalten, sie »peilen« Lösungswege an und agieren sie lieber aus, als daß sie über Gebrauchsanleitungen oder Plänen brüten.

Sie sind schnell, ziellos, aber sensibel

Auch in ihren sozialen Beziehungen neigen diese Kinder dazu, eine Situation eher »anzupeilen« und sich dann sehr rasch für oder gegen eine Gruppe, für oder gegen eine Idee, für oder gegen einen Menschen zu entscheiden. Sie zeigen wenig Lust, sich lang und breit mit dem Charakter einer Gruppe, den Aufgaben eines Vereins oder Verbandes, dem sie sich möglicherweise anschließen, auseinanderzusetzen. Sie folgen ihrer Intuition und urteilen unmittelbar.

Eltern, denen solche Spontaneität oft genug Sorgen bereitet, sind aber immer wieder verblüfft, wie genau ihre Kinder viele Einzelheiten und kommunikative Signale aufgenommen haben, obwohl sie während der ganzen Zeit einen eher desinteressierten und abwesenden Eindruck vermittelten. Das schützt diese Kinder freilich nicht davor, oft genug in Sackgassen hineinzurennen. Ihrem narzißtischen Charakter entsprechend neigen sie anschließend dazu, mitten in der Sackgasse stehenzubleiben und wie ein kleines Kind »hilf mir« zu brüllen – und zwar fordernd, oft vorwurfsvoll: gerade so, als sei die Mutter oder der Vater schuld an dem Dilemma, in das sie sich Hals über Kopf hineingestürzt haben.

Mich interessiert alles und nichts

Die größere Offenheit und Vorbehaltlosigkeit dieser Kinder scheint aber auch mit einem gewissen Desinteresse einherzugehen. Viele Kinder und Jugendliche gehen zwar relativ zutraulich und angstfrei auf andere Menschen zu, signalisieren dabei kommunikative Offenheit; dennoch hat man oft das Gefühl, daß sie währenddessen umherschauen, ob sich nicht ein noch interessanteres Gesprächsangebot, ein noch aussichtsreicherer Gesprächspartner finden läßt. Ist dies der Fall, dann werden Kontakte sofort fallengelassen und dem vermeintlich oder tatsächlich Attraktiveren geopfert. Rücksichtnahme oder Höflichkeit spielen dabei eine geringe, meist gar keine Rolle.

Zugleich hat man den Eindruck, daß es – da Reize gleichzeitig aufgenommen werden – schwerfällt, eine Wertigkeit dieser Reize auszumachen. Auch dies wirkt sich vor allem im Schulunterricht problematisch aus. Der störende Nachbar in der hinteren Reihe zieht genausoviel Aufmerksamkeit auf sich wie der Lehrer vor der Klasse; die tanzende Mücke am Fenster interessiert auch und möglicherweise noch der Comic oder das Pokémon unter der Bank. Diese zerstreuten Aufmerksamkeiten einzubinden ist für Lehrer außerordentlich schwierig, zumal die Kinder jederzeit bereit sind, die Grenzen des disziplinierten Verhaltens relativ angstfrei zu überspringen.

Man hat oft den Eindruck, daß bei vielen Kindern ein recht buntes, chaotisches Theater im Kopf stattfindet, das sich aus zahllosen Eindrücken und Geräuschen zusammensetzt. Da ist es kein Wunder, daß sie selber laut sein müssen, um sich bemerkbar zu machen. Viele Kinder sprechen so, als redeten sie gegen eine unaufhörliche Flut von Hintergrundgeräuschen an, und in gewisser Weise tun sie das ja auch.

Daraus erklärt sich weiter, daß bei Schulaufsätzen oder ähnlichen Aufgaben beobachtet wird, wie schwer den Kindern eine strukturierte Wiedergabe von Gedanken oder Geschichten fällt. Sie neigen eher dazu, von einem Reiz zum anderen, von einer Assoziation zur nächsten zu springen. Sie kommen, wie man so schön sagt, »vom Hundertsten ins Tausendste«, interessieren sich für die nebensächlichsten Details und entwickeln dabei eher ein weitgefächertes Panorama oder Mosaik als eine folgerichtige Geschichte oder einen konsequenten Gedanken.

Ich kann mich nicht entscheiden

Auf der Verhaltensebene entspricht dem eine gewisse Entscheidungsschwäche. Die Kinder können einfach nicht zwischen den unterschiedlichen Impulsen, die auf sie einwirken, wählen. Das eine erscheint ihnen so wichtig wie das andere. Insofern folgen sie einem Reiz nach dem anderen, sie springen sozusagen von einem »Link« zum nächsten und eröffnen sich – wenn man es positiv sagen will – damit eine Welt voller Möglichkeiten, eine gewisse offene Weite ... Diese Kommunikationsweise entspricht unmittelbar der Form der digitalen Medien. Die Kinder wirken dabei aber sehr ungefestigt; insofern sind sie vermutlich manipulativen Verführungen mehr ausgesetzt als frühere Generationen.

Es scheint nicht so zu sein, daß ihnen ethische Grundorientierungen auf eine Weise zur Verfügung stehen, daß sie ihre

Aufmerksamkeit und Geduld lenken könnten – auch dann nicht, wenn sie bestimmten Werten oder moralischem Verhalten abstrakt durchaus zustimmen. Ihre Zustimmung wirkt immer so, als sei sie nur locker mit ihrem Verhalten verbunden. Sie können sich von moralisch motivierten Aufgaben leicht und jederzeit abwenden, ohne deshalb tiefgehende Konflikte zu empfinden. Solche Leerstellen im Empfinden, in der Verläßlichkeit gegenüber sich selbst und anderen, in der Orientierung an allgemeinen Wertvorgaben werden uns im Folgenden beschäftigen. Gerade in diesem Punkt benötigen die Kinder Hilfe von uns Erwachsenen und erhalten sie so gut wie nie.

5. Kapitel

oder: von der Identitätsnot der kleinen Jungen

Vor einem Jahr kam ein völlig verzweifeltes Elternpaar in meine Praxis und stellte ihren damals zwölfjährigen Sohn vor, Karsten, ein auf den ersten Blick stiller, in sich zurückgezogener Junge, der trotzdem ein starkes Selbstbewußtsein ausstrahlte. Mit anderen Worten, auf den ersten Blick kein Kind, bei dem man schwere familiäre Probleme oder Erziehungsschwierigkeiten erwartet hätte.

Der zweite Blick ergab etwas anderes. Es zeigte sich nämlich, daß sich hinter der »Introvertiertheit« des Zwölfjährigen eine gewisse Unruhe verbarg. Seine Hände öffneten und schlossen sich unaufhörlich, er scharrte mit den Füßen um das Stuhlbein herum und verhielt sich gleichzeitig fast emotionslos, wenn man ihn ansprach, als müsse er sich immer wieder unter Kontrolle bringen. Und genauso war es auch, wie sich später herausstellte. Das Selbstbewußtsein, das ihm durchaus eigen und möglicherweise von Natur aus mitgegeben war, war von mancherlei Einflüssen getrübt. In der pädagogisch-psychologischen Betreuung dieses Jungen würde es also darauf ankommen, sein im Fundament intaktes Selbstgefühl von diesen Einflüssen freizuhalten. Es sollte sich freilich herausstellen, daß dies viel leichter erkannt als verwirklicht werden konnte.

Die Eltern wirkten sympathisch, sehr kooperativ, gebildet, im Verlauf des Gespräches zeigte sich, daß sie kulturelle Interessen hatten. In vielen Bereichen schienen die Eltern überdurchschnittlich informiert. Sie hatten ihren Sohn, der im Kindergarten und in der Grundschule nicht auffällig gewesen war, sondern eher als ein allseits – auch bei den Lehrern – beliebtes Kind galt, liberal erzogen. Man sah es ihnen an. Ein autoritärer Erziehungsstil hätte weder zur Mutter, die mit jedem Satz ihr Bedürfnis nach familiärer Harmonie durchblicken ließ, noch zu dem ebenfalls eher introvertierten, musisch begabten Vater gepaßt.

So war denn ihr Problem, daß sie mit ihrem durchaus geliebten Sohn hatten, ein zweifaches: Zum einen bereitete sein Verhalten ihnen Sorgen. Karsten hatte sich in den letzten Monaten in der Schule immer aggressiver und zu Hause immer launischer und abweisender gezeigt. Der Junge verweigerte teilweise die Mitarbeit in der Schule. Er hatte wenige Tage vor unserem Gesprächstermin seinen Eltern kategorisch erklärt, daß er von der Schule die Nase voll habe und in Zukunft durch keinerlei Maßnahmen mehr dazu zu bewegen sei, seine Hausaufgaben zu machen oder auf andere Weise für die Schule zu lernen.

Im Unterricht selber gab er sein Desinteresse durch Störungen kund, plapperte nach links oder rechts oder versank mit unüberhörbarem Seufzer in eine tiefe Verdrossenheit, sprang dann völlig unvermittelt auf, um das Fenster zu öffnen oder zu schließen, oder verließ auch schon einmal schlicht den Unterricht und kehrte erst zur nächsten Stunde zurück. Anschließend tat er so, als sei nichts gewesen.

Er hatte einige Freunde, die sich zunehmend von seinem Verhalten irritiert zeigten, doch mit Karsten war nicht zu reden. Auf Vorhaltungen reagierte er mürrisch abweisend, Ermahnungen nahm er nicht zur Kenntnis, sondern verließ türschlagend den Raum. Auch seine Freunde – so die Eltern – berichteten, daß Karsten bei geringsten Anlässen aggressiv reagiere.

Kurzum, die Eltern waren wegen der schulischen und beruflichen Zukunft des Kindes zutiefst besorgt. Zugleich schimmerte ein zweites Problem durch, das sich auf ihr familiäres Leben als Ganzes bezog. Die kleinere Schwester, zu diesem Zeitpunkt acht Jahre alt, mochte mit ihrem Bruder nicht mehr spielen. Sie hatte eine Art kindlich-instinktives Mißtrauen gegen die Aggressivität, die in ihm brodelte. Sie zog sich beinahe scheu vor ihrem früher geliebten Bruder zurück. Der Kontakt zwischen Eltern und Sohn schien schwerwiegend gestört.

Dies alles widersprach dem Ideal einer heilen Familie, dem beide Elternteile offensichtlich anhingen. Sie waren aus diesem Grund zutiefst unglücklich. Ihr Unbehagen sickerte in jede Faser des familiären Alltags ein und endete schließlich so, wie ein diffuses Unbehagen oft endet, nämlich in einem dauerhaften Kleinkrieg; er wurde von der Mutter, wie sie selber sagte, »mit Meckerei« geführt, der Vater, von Natur eher gutmütig, verlor angesichts der unterschwelligen Spannungen abends schon einmal die Nerven, schrie seinen Sohn an und versuchte eine Art väterliche Autorität aufrechtzuerhalten, die aber mittlerweile zerbrochen war.

So harrten die Eltern erst einmal aus, immer in der Hoffnung, daß sich das emotionale Durcheinander als pubertäre Marotte herausstellen und schließlich wieder verschwinden würde. Das tat es aber nicht. Vielmehr schien das abwartende und ganz offensichtlich hilflose Verhalten der Eltern wie der Lehrer den Jungen in seinem Verhalten zu bestärken. Ich hatte das Gefühl, daß er gerade durch die Ratlosigkeit und Desorientierung der Erwachsenen letztlich aus einer irgendwie intakten Kinderwelt herausgefallen war und sich nun nicht mehr zurechtfand.

Die mehrfach erwähnte Tatsache, daß Karsten bis zu seinem elften oder nahezu zwölften Lebensjahr ein unproblematischer und freundlicher Junge gewesen war, ließ darauf schließen, daß er bis dahin in einer für ihn relativ geordneten Welt gelebt und sich in ihr zu Hause gefühlt hatte. Nun, aus dieser beschützten Welt herausgetreten, offenbarte sich für ihn, so schien mir, daß diese von Anfang an eine Illusion, eine Art Täuschung gewesen war, der nur Kinder aufsitzen. Und ein Kind war Karsten jetzt nicht mehr – jedenfalls nicht *nur*! Die Ratlosigkeit der Erwachsenen bedeutete ihm, daß diese geschützte Welt eine Fiktion gewesen sei, die man einem Kind vorgaukelt, einem Dreizehnjährigen aber nicht mehr aufschwatzen kann. Und da er nun einmal die Grenzen dieser Kinderwelt überschritten hatte, fühlte er sich in seiner Vermutung permanent bestätigt.

Im Verlauf weiterer Gespräche wurde deutlich, daß diese Enttäuschung in ihm rumorte und ihn gar nicht mehr losließ. Je hartnäckiger die Erwachsenen an ihren liberalen Erziehungsvorstellungen festhielten, desto rabiater wurde er, zeigten sie in seinen Augen doch nichts anderes als die Bestätigung eines Verdachts, der in ihm nagte und nun zur Gewißheit reifte: Karsten hatte seinen Vater, seine Mutter, die Lehrer, kurzum die Erwachsenenwelt durchschaut. Da sie ihn nicht schützen konnte – nicht einmal vor seinen eigenen pubertierenden Launen –, sah er keinen Grund, sie ernst zu nehmen. Er lebte in eine Zukunft hinein, die ihm jetzt völlig ungeklärt, ungeordnet und jedenfalls sehr weit, sehr frei und zugleich sehr einschüchternd erschien.

Mit diesen widersprüchlichen Gefühlen von Freiheitsbestrebung und Ängstlichkeit kam er nicht zurecht. Da brodelte so manches in ihm, nicht nur Aggressivität, und es gab in seiner ganzen familiären und schulischen Umgebung nicht einen einzigen Halt, an dem er sich orientieren konnte.

Waren das die Einflüsse, die sein natürliches Selbstbewußtsein trübten? Im Rahmen unserer therapeutischen Arbeit – unter anderem einer Legasthenie-Therapie (inzwischen hatte sich auch eine nicht übermäßig ausgeprägte, aber deutliche Lese- und Schreibstörung herausgestellt), Gespräche, Spiele, nicht zuletzt am Computer –, machte ich folgende Beobachtung: Karsten schien mir immer dann besonders intensiv zuzuhören, sein Blick wurde aufmerksamer und heller, wenn ich eine Art aggressives Weltbild zu erkennen gab. Jede zynische, herablassende oder sonstwie arrogante Bemerkung über welches Thema auch immer erzeugte sofort ein Lächeln auf seinem Gesicht. Er schaute mich dann anerkennend und zugleich prüfend an. Anerkennend, weil ich offensichtlich in Teilen seine wütende Enttäuschung über die Verfassung der Erwachsenenwelt zum Ausdruck gebracht hatte – und dies auf eine Art und Weise tat, die in seinen Ohren wahrscheinlich souverän klang –, prüfend, weil er mir nicht recht traute. Er wußte nicht, ob ich aus pädagogischen oder therapeutischen oder sonstwie verdächtigen Motiven heraus meine bissigen Bemerkungen fallen ließ, ob ich ihn auf die Probe stellen oder ob ich tatsächlich ein Mann sei, der sich von den vielen Vorschriften und Normen der Erwachsenenwelt ganz einfach nicht einschüchtern ließ.

Und damit kommen wir an einen Punkt, der einfach nur als paradox zu bezeichnen ist. Denn hinter diesen eben genannten Motiven verbarg sich keineswegs, wie man auf den ersten Blick vermuten sollte, eine massive Ablehnung der Erwachsenenwelt, die pubertierenden Jungen seit vielen Jahrzehnten zugeschrieben wird. Hinter seiner Haltung verbarg sich auf recht komplizierte Weise vielmehr das Verlangen, ja, das tiefe Bedürfnis nach Ordnung. Da er der »Kinderwelt«, in der er so lange problemfrei gelebt hatte, das Herstellen solcher Ordnungen nicht mehr zutraute, schaute er nun sorgfältig und, wie gesagt, prüfend auf jedes Anzeichen, jede Stimme, jede Bemerkung, die eine andere Art von Ordnung, eine ihm angemessenere Art von Regulierung seines Lebens versprach. Deutlich gesagt: Wenn Karsten in dieser Phase auf eine der großmäuligen neonazistischen Gruppierungen und einem ihm möglicherweise geistig ebenbürtigen Anführer gestoßen wäre, dann hätte es für diesen sensiblen Dreizehnjährigen kein Halten mehr gegeben. Er hätte sich ihnen trotz, nein, gerade wegen des autoritären Tons angeschlossen und wäre ihnen vorbehaltslos gefolgt.

Kurz, ich hatte mit Karsten ein Beispiel von Autoritätskonflikt vor mir, das sich keineswegs einfach nach alten pädagogischen Mustern lösen ließ. Es wäre nicht im geringsten eine Erleichterung und erst recht keine Lösung seines jungenhaften Problems gewesen, wenn ich die Eltern in Richtung mehr Freiheit, mehr Nachgeben, mehr Rücksicht auf die pubertären Probleme beeinflußt hätte. Ganz im Gegenteil. Karsten suchte eine Orientierung, die ihm die Ordnung der verlorengegangenen Kinderwelt wieder herstellte. Diese stabile Orientierung war für ihn um so wichtiger, als er nun mit seiner durchaus hohen Intelligenz in eine Welt eintrat, die so voller Komplexität steckte, daß er mit ihr und sich selber nicht zurechtkam. Da war es kein Wunder, daß das Fehlen von klarer Autorität eine Katastrophe bedeutete. Wir werden sehen, wie es uns zum Schluß tatsächlich gelungen ist, diesen vielfach verschachtelten seelischen Konflikt eines Dreizehnjährigen – zumindest in großen Anteilen – zu lösen.

Ihre Gewalt macht angst

Wenn man einmal von einigen spezifischen Einflüssen absieht, haben wir es bei Karstens Schwierigkeiten mit einem typischen Identitätsproblem der männlichen Heranwachsenden zu tun. Es hat sich in den letzten Jahren in vielerlei Weise artikuliert, nicht zuletzt in der steil ansteigenden Kriminalitätsrate der nicht strafmündigen Kinder und Jugendlichen. Über neunzig Prozent von ihnen sind männlich. Es hat sich auch symptomatisch in der anwachsenden Gewaltbereitschaft gezeigt, die Jungen in den Schulen – keineswegs nur auf dem Pausenhof – und in zunehmendem Maße auch in den Familien – keineswegs nur gegenüber Geschwistern – entwickeln.

Diese Gewaltbereitschaft wird immer noch in empirischen Untersuchungen bestritten. Das Land Hessen hat eine erziehungswissenschaftliche Studie veröffentlicht, in der nachgewiesen werden soll, daß sich der Anteil von Gewalt bei den Zehn- bis Vierzehnjährigen nicht erhöht habe. Dies ist ganz offensichtlich falsch. Jeder Lehrer, jeder Sozialpädagoge oder Streetworker hätte die Forscher vom Anwachsen männlicher Gewalt bei den Elf- und Zwölfjährigen und erst recht bei den älteren Jahrgängen überzeugen können. Die Gewalt der Jungen macht den Eltern und den Lehrern zunehmend angst – teilweise auf eine direkt körperliche Art. Sie macht Lehrern und pädagogischen Profis auch deshalb angst, weil sie die Ursachen nicht verstehen und sich nicht wirkungsvoll zur Wehr setzen können. Keiner weiß, wann ein Kind oder ein Jugendlicher tatsächlich zuschlägt. Die Motive sind oft unbekannt, die Vorgeschichte unklar, der Zeitpunkt der aggressiven Aktion kaum vorhersagbar. Es kann jeden treffen, und eben dies ängstigt auch Lehrer, auch Sozialpädagogen in zunehmendem Maße. Einem verfehlten beruflichen Selbstbild entsprechend, reden Pädagogen nicht gern über ihre Angst. Sie sollten es besser tun!

Überforderte Erziehungsberatungen

Ein weiterer Indikator für die wachsende Not im Zusammenhang mit männlichen Kindern und Jugendlichen zeigt sich im massiven Anstieg der konsultierten Erziehungsberatungsstellen, Kinderpsychologen und Kinderpsychiater. Themen wie

Aufmerksamkeitsstörungen und hyperaktives Verhalten finden inzwischen sogar in der Boulevardpresse Beachtung. Dies alles zeigt, daß es sich nicht mehr um Randthemen handelt, sondern um Probleme, die in der Mitte unserer Gesellschaft zu finden sind. Halten wir fest: Es ist ein vorwiegend männliches Problem, der Verlauf der Konflikte scheint immer dramatischer zu werden. Ich denke nicht, daß man diese offensichtliche Entwicklung auf Dauer verschweigen oder verleugnen kann.

Wir müssen von einer neuen Identitätsnot der Jungen reden. Karsten ist ein anschauliches Beispiel dafür, gerade weil er kein besonders rüpelhafter Junge, kein außerordentlich aggressives Kind ist, sondern einfach so normal, wie es nur sein kann, aufgewachsen ist und nun in eine Problemlage hineinstürzt, aus der ihm offensichtlich keiner heraushilft. Karsten ist in gewisser Weise ein »durchschnittlicher Fall« und gerade deswegen aussagekräftig.

Keine männlichen Vorbilder

Alle kleinen Jungen müssen das Kinderparadies verlassen; doch sie scheuen vor dem »Abschied von der Kindheit« zurück. Sie wollen ein männliches Selbst entwickeln, wissen aber weniger als jemals eine Generation zuvor, was »Männlichkeit« eigentlich bedeutet.

Das gesellschaftliche Bild von Männlichkeit ist sehr diffus geworden. Angesichts des Fernsehkonsums der Eltern und der eigenen Medienerfahrungen wissen auch schon die Kinder: Welches Bild man von sich selber hat und bei anderen erzeugen kann, das ist ganz zentral für den persönlichen und beruflichen Erfolg. Auch Kinder haben das verinnerlicht.

Für Männlichkeit scheint es keine sozial akzeptierten Bilder zu geben. Für die kleinen Mädchen sieht es anders aus. Sie begegnen weiblichen Vorbildern über alle Medien. Moderatorinnen, Präsentatorinnen, Stars zeigen ein ganz bestimmtes Bild von Attraktivität, dem ein Mädchen durchaus nacheifern kann. Wie Julia Roberts oder Britney Spears kann eine Zwölf- oder Dreizehnjährige sich auch für die Eisdiele oder die Disco kleiden und sich so verhalten. Abends laufen ganze Scharen von weiblichen Star-Imitationen durch die Fußgängerzonen unserer Städte – das ist sozial akzeptiert. Ein anderes Problem liegt freilich darin, daß diese Mädchen und jungen Frauen die Diskrepanz zwischen digital nachbearbeiteten Mode- und Medienbildern und ihrer eigenen Attraktivitätschance nicht ausreichend erkennen – *keine* Frau ist so schön, wie sie in den Magazinen erscheint.

Aber die Jungen? Wie Harrison Ford oder Daniel Craig kann man sich nicht verhalten, auch nicht wie Rambo. Männliche Jugendliche, die – zumal wenn sie in Gruppen auftreten – eben dies versuchen, großspurig und energiegeladen, wirken nur rüpelhaft und ein wenig dumm. Sie wissen das, spüren es zumindest. Der »Cool-Water-Man« aus der Werbung zeigt zwar einen perfekten Männerkörper, während er sich von irgendeinem Felsen in irgendwelche Fluten stürzt, aber das ist ein Männlichkeitsbild, das mit den erstrebenswerten Selbst-Idealen der Jungen wenig gemein hat. Es ist ein merkwürdig unmännliches Bild. So wie dieser Body-Man möchte ein kleiner Junge nicht sein. Sie wollen keine äußerliche Attraktivität, wie sie Mädchen lieben, sondern ein anderes Vor-Bild. Sie wollen ihr Selbstbewußtsein, ihre verborgene Aggressivität, ihren heftigen Drang zur Aktivität in einem sozial akzeptierten Bild zum Ausdruck bringen.

Doch die Männlichkeitsbilder im Kino, Fernsehen und im Pop-Bereich haben einen eigenartigen Hang zum Flüchtigen, Realitätsfernen, gerade dann, wenn Männlichkeit im Spiel ist, wie wir in einem eigenen Kapitel noch sehen werden. Die *ernsthaften* Männer, die im Fernsehen auftreten, die Politiker oder die Banker verkörpern erst recht nicht, was ein kleiner Junge von seiner Zukunft erwartet. Den Politikern steht ihre Einflußlosigkeit müde ins Gesicht geschrieben; mit so viel Ratlosigkeit wissen die Jungen wenig anzufangen, das kennen sie schon von ihren Vätern. Die Banker und Manager wirken glatt und grau, sie sind ihrerseits identitätslos und taugen schon deshalb kaum zur Identitätsfindung. Außerdem reden sie von Geld und Geschäftserfolg, das sind zwar Begriffe, die heute auch bei Zwölf- bis Dreizehnjährigen hochangesehen sind, aber mit konkreten Vorstellungen, mit Erfahrungen sind sie für Jungen dieses Alters noch nicht verbunden.

Und so stehen diese Kinder und Jugendlichen vor einem

unlösbar scheinenden Problem. Sie spüren, wie schwer es ihnen fällt, ihre impulsiven Verhaltensweisen mit den Regeln in der Schule, in der Familie, auf der Straße in Übereinstimmung zu bringen. Sie hätten dafür gern stabile Vorgaben, das Beispiel von Karsten zeigt es deutlich. Solche Vorgaben existieren aber nicht, es bestehen massive Aggressivitätsverbote. Aber wohin dann mit der ganzen kindlich-männlichen Aktionslust und Körperlichkeit? Die Verbote sind nur negativ, und insofern fehlt ihnen Kraft. Den Zwölf- bis Dreizehnjährigen Jungen wird es seelisch leicht gemacht, sie einfach umzustoßen.

Verschwiegene Männlichkeit

Wie wird ein Junge zum Mann? – Diese Frage ist für die Jungen und auch für Eltern schwer zu beantworten. Es gibt zwar eine Reihe von Büchern, die sich mit der Frage der Männlichkeit befassen, aber trotzdem liegt auf seltsame Weise so etwas wie ein Tabu über dieser Fragestellung. Insgeheim schwingt immer mit, daß es Pädagogen und Psychologen offensichtlich lieber wäre, wenn ein Junge überhaupt kein Mann würde, sondern ein ideales und nahezu geschlechtsloses Wesen, das aus verschiedenen sozialen Wertigkeiten und Tugenden zusammengesetzt ist. Man muß die Fachliteratur nur einmal daraufhin durchblättern. Immer wieder zeigt sich, daß Männlichkeit als Persönlichkeitsziel seltsam ungenau, seltsam abstrakt bleibt, meist wird sie in negativen Begriffen beschrieben. Konkret ist nur, was Männlichkeit *nicht* sein soll. Daran kann man sich aber nicht orientieren.

Die Folge ist, daß viele Jungen sich eine eigene Antwort zurechtgelegt haben, und die fällt nun keineswegs so aus, wie wir sie uns wünschen. Für viele kleine Jungen hat Männlichkeit ganz offensichtlich damit zu tun, daß man moralische Verhaltensweisen grob abwirft, daß man die Regeln sozialer Institutionen nur widerwillig erträgt oder sich ihnen ganz entzieht. Auch das Thema Schulverweigerung ist ein typisches »Jungen«-Thema. Alles in allem scheint sich in dieser Verunsicherung eine Art von männlicher Identität herauszubilden, die extrem egozentrisch ist.

Auch die sozialen Institutionen, von der Schule bis zu den Vereinen oder religiösen Gruppierungen, entfalten für die Jungen keine Bindekraft mehr. Gerade die traditionell männlichen »Tugenden« waren jedoch immer darauf angewiesen, sich in stabilen sozialen Ordnungen zu verwirklichen. Wenn diese Ordnungen nicht vorgefunden wurden, dann lief das Männliche Gefahr, daß aus Disziplin Aggressivität, aus Selbstbeherrschung Untertanengeist wurde. Diese Gefahr ist heute keineswegs gebannt.

So zeigt sich insgesamt ein äußerst verwirrendes Bild: Einerseits gibt es in der Psyche unserer Söhne noch »Reste« der männlichen Orientierungen, wie etwa die Tugenden Disziplin und Mut. Die Jungen finden aber keine soziale Ordnung vor, in der sie sie vernünftig verwirklichen können. Für neue Formen von Männlichkeit haben wir weder Begriffe noch Bilder.

So summieren sich die inneren Konflikte für die Kinder. Gerade die kleinen Jungen haben in der Regel starke, nach außen gewendete Anteile von Aktivität, sie haben einen – möglicherweise natürlichen – Hang zu aggressiven Verhaltensweisen, er muß in stabilen Regeln aufgefangen werden. Wenn keine Gruppierung, keine soziale Institution die dafür notwendige Identifikationskraft zeigt, besteht die Gefahr, daß männliche Verhaltensweisen in ziellose Dissozialität münden.

Frühere Gesellschaftsordnungen haben diese Gefahr gesehen. In allen traditionellen Gesellschaften gab es hart disziplinierende Formen und Riten für die heranwachsenden Jungen. Noch die Generation der heutigen Väter und Großväter ist mit vergleichbar disziplinierenden Organisationen aufgewachsen. In den sechziger Jahren waren die meisten Jungen etwa ab dem zehnten Lebensjahr in Vereinen wie Pfadfinder, Landjugend oder sozialistische Jugend eingebunden. Jede dieser Organisationen hatte – oft spöttisch begleitet von liberalen Gemütern – ihre Uniformen, sie wurden von den Jungen mit Stolz getragen.

Auch ein für keinerlei Uniformität zu begeisternder Beobachter muß im nachhinein einräumen, daß sie die Jungen in zweifacher Hinsicht entlastete: Diese Uniformen waren ein äußeres Zeichen der Bindung an eine Gruppe und an deren

Verhaltenskodex. Das Verhalten war in den linken bis ganz rechten Gruppierungen in Regeln vorgeschrieben. Ihre Befolgung führte dazu, daß die Jungen innerhalb der Hierarchie der Gruppen aufstiegen und insofern für deren Einhaltung belohnt wurden. Die Uniform bedeutete außerdem für die Jungen so etwas wie eine zweite, eine »soziale Haut«: Die Uniform war Ausweis der jungenhaften Autonomie.

Abschied von der Mutter

Ich habe am Beispiel von Karsten mehrmals von dem Konflikt gesprochen, dem jeder kleine Junge ausgesetzt ist, wenn er aus dem Kinderparadies vertrieben wird. Im Paradies braucht ein Mensch keine Autonomie, er ist eingebunden in eine nahezu symbiotische Einheit mit der Mutter. Solche »narzißtischen Gemeinschaften«, wie ich sie nennen möchte, funktionieren heute genauso wie früher. Die Innigkeit in der Beziehung zwischen Müttern und kleinen Jungen ist nicht geringer geworden. Vermutlich ist das Gegenteil der Fall.

Weil die Beziehung der Geschlechter schwieriger geworden ist, weil die Institution der Familie instabiler ist, neigen viele Frauen dazu, sich an ihren Kindern, zumal an ihren Söhnen, festzuklammern. Diese in der Psychologie oft registrierten »kollusiven-symbiotischen« Beziehungen haben auch keineswegs nur negative Effekte.

Die Jungen bleiben eine sehr viel längere Zeit als früher üblich in einer seelischen Verfassung, die ich einmal versuchsweise »Umhüllung des Mütterlichen« nennen möchte. In der Nähe zum Mütterlichen entwickelt man natürlich sehr viel langsamer, zögerlicher, auch differenzierter die typisch jungenhaften Verhaltensweisen. Die männlichen Kinder wirken heute oft sensibler, introvertierter, mehr auf sich selber bezogen, sie entsprechen dem lautstarken Typ von »richtigem Jungen«, den man aus früherer Zeit kennt, nur in geringerem Maß. Das stimmt durchaus mit der allgemeinen sozialen Entwicklung überein, die ich im ersten Kapitel dargestellt habe. In den Computerwelten, der Internet-Kommunikation werden eben solche weicheren, artifiziell-narzißtischen Verhaltensmöglichkeiten abgerufen. Diese erwirbt ein Junge aber vorwiegend durch die lang anhaltende Bindung an das »Mütterliche«.

Die im Verhältnis zu früheren Generationen länger andauernde Mutterbindung ist insofern durchaus als eine sinnvolle Anpassung der familiären Erziehung an neue gesellschaftliche Gegebenheiten zu verstehen. Aber das ändert nichts an der Identitätsnot, die die Jungen überfällt, wenn sie ihr Kinderparadies verlassen. Auch Karsten ist ja solch ein eher sensitiver, in sich zurückgezogener Charakter, der dann, in die Kälte der Autonomie hineingestoßen, um so diffuser um sich schlägt und eine ratlose Umgebung hinter sich läßt.

Die Uniform nun, wie sie die Gruppierungen bis in die sechziger Jahre hinein kannten, löste diesen Konflikt ein Stück weit: Sie war Ausweis einer Zugehörigkeit zur Gruppe, aber zugleich auch eine Art Schutz, die den Jungen vor der Sehnsucht »zurück« zur Gemeinschaft mit der Mutter bewahrte. »Zurück« zum frühkindlichen Versorgtwerden, »zurück« zu der verführerischen Nähe und Wärme des Weiblichen – gegen all das spannte sich die Uniform. Der kleine uniformierte Junge wehrte die Umarmung der Mutter ab. Er erlaubte sich keine Tränen. Die Helden in der »alten« Männlichkeitskultur weinten leise. Die Zugehörigkeit zur Gruppe rangierte über allen Gefühlen als höchster Wert.

Dies alles war und ist, wo es noch existiert, nicht sonderlich sympathisch, es mutet spießig und überdiszipliniert an. Ich wäre der letzte, der für Uniformen für Jungen oder gar für alle Schulkinder – diese Diskussion steht ja wieder einmal auf der Tagesordnung – plädiert.

Die Abneigung gegen alles Uniformierte sollte uns aber nicht davon abhalten, die seelische Schutzfunktion der sichtbaren Zugehörigkeit zu stabilen, verhaltensnormierenden Gruppen zu begreifen. Zugleich müssen wir einräumen, daß wir zwar die Uniformen aus gutem Grund aus den Jungenkulturen verbannt, aber keinen Ersatz an ihre Stelle gesetzt haben. Dieses Dilemma müssen die Jungen in ihrer eigenen Psyche austragen, und es gelingt ihnen – wen wundert es? – nur sehr unvollkommen.

Heimat stabilisiert

Früher waren die Jungen eingebunden in eine Art Zugehörigkeit, die man etwas abstrakt »regionale Identität« nennen könnte. Wenn man sich einmal traut, emphatischer zu formulieren, könnte man auch von »Heimat« sprechen. Heimat zeigte sich in der Sprache, in der Kleidung, sogar in den Lehrplänen der Schule. Was im Süden in Deutschland für wichtig gehalten wurde, galt im Norden wenig und umgekehrt.

Es ist kein Zufall, daß noch in den Phantasien meiner Jugendzeit diese Heimatvorstellung verbunden war mit der Vorstellung von Soldatentum. Wir alle waren in einer gewissen Phase unserer kindlich-jungenhaften Existenz kleine Soldaten, die ihre Heimat gegen böse äußere Feinde verteidigten. »Heimat« ist heute entwertet, es gibt sie eigentlich nicht mehr. Angesichts eines weltweiten Warenaustausches verschwinden die regionalen Bezüge aus der Welt der Dinge. Noch in meiner Kindheit war es durchaus so, daß ein westfälischer Apfel von einem württembergischen zu unterscheiden war, er hatte einen anderen Geschmack. In Herford braute man ein anderes Bier als an der Nordseeküste, und unseren Vätern wäre es nie eingefallen, ein anderes als das heimische Pils zu trinken, sogar Kleidung, Schuhwerk, Handwerkszeug stammte weitgehend aus der heimatlichen Region. Die Zugehörigkeit zur »eigenen« Firma, zum »eigenen« Fußballklub – den nur ein »Verräter« verließ, um zum Rivalen überzulaufen – ergaben in der Summe Verhaltensweisen, Zugehörigkeiten, Bindungen, die einen verläßlichen »Identitätsfundus« für Jungen schufen. (Selbstverständlich erzeugten solche Beständigkeiten zugleich eine Art provinzieller Borniertheit, die unseren Kindern heute erspart bleibt. Ob man diese »Heimatgefühle« von dem vorhin erwähnten bodenständigem Soldatischen wirklich hätte trennen können, bleibt auch eine unbeantwortete Frage.)

Eine weltweite Wirtschaft, Produktionsweise und Vermarktung duldet stabile regionale Bezüge nicht mehr. Wenn die Kinder in die globalen Kommunikationsnetze eintauchen, wenn sie die Computerspiele beherrschen wollen – in denen nicht ein Funke »Heimat« sein kann –, erweist sich jede psychische oder kognitive Bindung an die eigene Herkunft als hinderlich. Bei den älteren Schülern findet man sie auch nicht, bei den jungen Existenzgründern, die zur Zeit unsere Wirtschaft beleben, erst recht nicht. (Nur in unseren Schulen gibt es einen gewissen Hang zur sentimentalen Heimatpflege, aber das ist ein anderes Thema).

Ich möchte also nicht falsch verstanden werden: Mich zieht es nicht nach Heimatvorstellungen in den Köpfen der Kinder zurück. Sie sind für immer und ewig überholt, und das hat durchaus positive Seiten. Doch trotz dieser Feststellung darf nicht übersehen werden, daß der Fundus der Identität, aus dem die kleinen Jungen schöpfen, immer kärglicher wird. So ist aus den tiefen Bildern und Wirkungen von Kindheit ein weiteres »Identitätspotential« geschwunden. Noch kälter als ohnehin schon wird die Welt, in die die kleinen Jungen gestoßen werden, noch desorientierender. Es ist so, als würde beim schwierigen Schritt in die Erwachsenenwelt die ganze Kindheit wie ausgelöscht, und kein Ersatz ist zur Stelle. Es ist also nicht verwunderlich, daß in der männlich-pubertären Entwicklung urplötzlich ein Aggressionspotential aufbricht, das schwer einzugrenzen ist. Die moderne »Ortlosigkeit« ist für unsere Söhne ein zusätzliches Risiko.

Was ist verläßlich?

Erinnern wir uns noch einmal an Karsten. Auch er zeigte alle Eigenschaften eines modernen Jungen, er mochte Computerspiele, er identifizierte sich mit den heroischen Potenzgestalten, die die meisten Spiele bevölkern. Gerade deshalb war es auch gar nicht so schwierig, auf dem Grund seiner Orientierungslosigkeit eine tiefe Sehnsucht nach Bindung zu spüren. Gewiß, kein Mensch könnte Karsten in eine Uniform zwingen, er würde sich mit Händen und Füßen wehren. Niemand könnte ihn aus der Ortlosigkeit, dem globalen Netz der Computersysteme vertreiben. Er fühlt sich in ihnen zu Hause. Und doch bleibt diese dunkle Sehnsucht, für die es früher zwar problematische, aber funktionierende Ersatzformen gab. Es gibt sie nicht mehr! In diese Leere treten unsere Kinder mit großer Unsicherheit und einem Hang zur Dissozialität.

So ist gar keine so große Überraschung, daß wir auf jedem Pausenhof kleine Ninja-Kämpfer sehen, die mit hochgestreckten Beinen und Armen alles und jeden auf Abstand halten und gleich danach seltsam weich wirken und nach jeder Orientierung greifen, auch der banalsten, die sich ihnen bietet.

Für Jungen wie Karsten gibt es keine einfache, keine eindeutige Lösung. Alles, was ich ihm und den Eltern vorschlagen konnte, hatte den Makel einer gewissen Widersprüchlichkeit. Aber Karstens Beispiel zeigt, daß es eine »schlüssige« Identität, wie wir sie uns in der Pädagogik gern ausmalen, nicht (mehr) geben kann. Bevor ich Ihnen erzähle, wie es mit Karsten weiterging, möchte ich noch auf ein zusätzliches Paradox hinweisen, dem Jungen heute ausgesetzt sind.

Wo geht es hin?

Ich habe bereits erwähnt, daß sich die Kinder und Jugendlichen bei Computerspielen in die digitalen Technologien einüben. Ob in der Produktion, Verwaltung oder in anderen Anwendungen, diese Geräte sind auf eine »weiche«, kommunikative, wissensmäßige Benutzung hin angelegt. Im Verhältnis dazu wirken die traditionellen herrischen Männerbilder – der »Macho« – nur noch albern, unqualifiziert. Trotzdem scheint der »Typus« des sonnengebräunten und fitneßgestählten jungen Mannes ein denkwürdiges »Revival« zu erleben. Da wird von jungen Männern ein Körperkult zelebriert, mit dem sie in Diskos und Sportgruppen offensichtlich einigen Erfolg erzielen.

Hier zeigt sich eine weitere Zwiespältigkeit, der die zwölf- und dreizehnjährigen Jungen auf ihrer Suche nach Vorbildern und sozialer Identität ausgesetzt sind. In welche Richtung sollen sie sich entwickeln? In die eher abstrakte, wissensmäßige? Eher in die erfolgstüchtige Rolle, die etwa ein Bill Gates verkörpert? Sollen sie unkonventionelle Hacker und Techno-Bastler werden? Oder ist in ihrer Welt doch eher die demonstrative Muskelkraft des »Fit for fun«-Lebensstils angesagt? Dies alles wird einfach nicht deutlich.

In der Computerwelt selbst erwartet die Jungen dieselbe Zwiespältigkeit noch einmal. Einerseits üben sie sich, wie ich sagte, in die Technologien und ihre weichen, intellektuellen Kommunikationsweisen ein, andererseits treffen sie bei diesem spielerischen Umgang auf Szenen, Heroen, Aktionen, die genau den alten männlich-»harten« Vorbildern entsprechen.

Computerspiele muten oft wie ein Ersatz für verlorengegangene gesellschaftliche Initiationsriten an. Aber auch das trifft nur teilweise zu. Die muskelstrotzenden Schwarzenegger-

Imitate, die wie Max Payne oder Sam Fisher den Computerspielmarkt teilweise beherrschen, bieten den jungen Spielern Identifikationen mit Idealfiguren, die in unserer Gesellschaft dissozial sind. Es gibt keinen Bedarf an Muskelprotzen, aber ihre Vorbildwirkung gibt es in gewisser Weise noch.

Und die Väter?

Ach, die Väter, von ihnen ist in der Regel kaum eine Orientierung zu erwarten. Das ist um so betrüblicher – manchmal auch ein klein wenig komisch! –, als es wohl kaum eine Männergeneration gegeben hat, die sich mit so viel Emotionalität, Sorgfalt und Liebe um die Familie gekümmert hat – zumindest dort, wo Familie noch funktioniert. Doch auch die Väter scheinen heute in ein Paradox eingebunden zu sein – ein berufliches.

In der globalen Wirtschaftswelt ist für solch seßhafte Tugenden wie Vaterliebe und familiäre Bindungen eigentlich kein Platz. Die Erfolgreichen an vorderster Front sind jene sogenannten »homeless managers«. Zwar ist Männern über zwei oder drei Jahrzehnte hinweg gesagt worden, daß sie ethisch verpflichtet seien – und daß es ihrer Persönlichkeitsentwicklung nur nützen könne –, wenn sie sich ihren weichen, »väterlichen« Tugenden zuwenden und sich weniger für ihre Karriere aufopfern würden. Doch wenn sie dies tatsächlich tun, kann es ihnen passieren, daß sie mit ihrer Seßhaftigkeit dem Spiel des globalen Marktes nicht mehr gewachsen sind und genau dafür von ihren Söhnen nichts als Mißachtung ernten. Es ist eine Tragik, eine Ironie – nur ungern wird darüber öffentlich gesprochen.

Wenn wir den modernen Vater charakterisieren wollen, so können wir, grob gesagt, drei Typen ausmachen. Ich will sie kurz skizzieren.

Der autoritäre Vater

Darunter ist der dominante Vater zu verstehen, der dem traditionellen Vaterbild weitgehend zu entsprechen scheint. Das Problem solcher Väter besteht darin, daß ihre Dominanz kein solides Fundament hat, weder in ihrer sozialen Position noch in ihrer seelischen Verfassung.

Dominante Väter verbergen polternd und dröhnend ihre Schwäche. Ein Sohn kann an ihnen nur die Armseligkeit einer sozialen und persönlichen Ohnmacht kennenlernen. Für diese Art des Autoritären gibt es in unserer gesellschaftlichen, moralischen und wirtschaftlichen Ordnung keine Grundlage mehr. Gerade solche Väter, scheint mir, spüren dies und lassen ihren Unmut, möglicherweise ihre psychische Abhängigkeit von einem dominierenden Selbstbild schließlich an ihrer Familie, vorzugsweise an ihren Söhnen aus.

Und wie gehen die Söhne damit um? Es gibt Jungen, die sich dem Umgangston des Vaters anpassen, aber dadurch in ein Männlichkeitsbild gelenkt werden, das sie auf Dauer ins soziale Abseits führt. Diese Söhne sind es, die die Erziehungswissenschaften im Blick haben, wenn sie zum wiederholten Male darauf hinweisen, daß die wachsende Kriminalität der Jungen mit dem autoritären Erziehungsstil in den Familien zu tun habe. Diese Auskunft ist nur teilweise richtig.

Der dominant-autoritäre oder gar prügelnde Vater, der seinem Sohn die Asozialität aufzwingt, ist heute eine Randerscheinung. Es sind immer nur bestimmte, sozial eingrenzbare Schichten, die sich auf Dauer am Rande oder gar außerhalb einer gesellschaftlichen Kultur aufhalten und Verhaltensweisen auch dann beibehalten, wenn sie von der Gesamtgesellschaft nicht mehr akzeptiert werden. Mit Randbereichen kann man aber schwerlich einen insgesamt wachsenden Trend innerhalb einer Gesellschaft erklären.

Viele Jungen passen sich dem autoritären Stil nicht mehr an. Sie spüren das Abseits, das ihnen droht, und lehnen sich dagegen auf. Allerdings haben gerade diese Jungen das Problem, daß sie nirgendwo »mächtige« Gegenidentifikationen finden, die sie dem einschüchternden Vaterbild entgegensetzen könnten. Ihre Auflehnung bleibt deshalb so hilflos wie die Anmaßung des Vaters.

Der neue Vater

Ein zweiter Typus ist häufiger, der »neue Vater«. Er versteht alles, trägt seinem Sohn nichts nach, duldet jede Anmaßung des Kindes und lehnt Autorität strikt ab; jegliche Art männlicher Dominanz ist ihm abhanden gekommen ... Das wirkt recht sympathisch, die Folgen für die Söhne sind aber oft fatal. Im Verlauf einer Elternberatung wird nicht selten deutlich, daß diese betonte Ablehnung männlicher Dominanz einen ganz eigenen psychischen Hintergrund hat. Da schwingt häufig etwas mit, das man als Ablehnung des Männlichen schlechthin kennzeichnen könnte. Wir können das Thema des männlichen Selbsthasses – oder zumindest der Selbstverleugnung – hier nicht vertiefen. Es gibt jedoch keinen Zweifel daran, daß der »neue Mann« als Identifikationsfigur für seinen Sohn weitgehend ausfällt. Er ist vielleicht ein außergewöhnlich liebevoller Vater, aber das reicht nicht aus, um ein »guter Vater« zu sein.

Der liberal-ehrgeizige Vater

Die dritte Kategorie will ich den liberal-ehrgeizigen Vater nennen. Ich vermute, daß sie den häufigsten Typus moderner Väter verkörpert. Diese Väter sind beruflich oft erfolgreich. Durch ihre Anpassung an moderne Berufswelten besitzen die alten Tugenden für sie keinen Wert. Sie fordern diese deshalb auch bei ihren Söhnen nicht ein. Fleiß und Verläßlichkeit gelten ihnen wenig, Erfolg hingegen viel. Soziale Fähigkeiten, etwa dauerhafte Freundschaft, bedeuten ihnen nichts, die allgemeine Beliebtheit des Kindes im Klassenverband erscheint ihnen erstrebenswerter. Gerade durch diese »offene« Haltung lassen sie ihre Söhne in einem schwer erträglichen Niemandsland zurück.

Die alten normativen Orientierungen und der damit verbundene autoritäre Anspruch sind auch bei diesen Vätern abgeschafft. Damit nimmt der Druck auf die Söhne aber keineswegs ab; an die Stelle der alten Normen tritt nun etwas anderes, etwas Abstraktes: Leistung an sich, Erfolg an sich, Selbstdarstellung an sich.

Die Söhne dieser Väter, das sind die Jungen mit dem übervollen Terminkalender, die vom Tennisunterricht zum Nachhilfe-Institut und anschließend in die Theater-Gruppe eilen, Kinder, denen eine vertrackte Art der Überforderung »mit weichen Mitteln« aufgezwungen wird: nämlich die, überall nur für sich allein einzustehen. Wer immer nur für sich selber einsteht, dem bleibt nichts anderes, als überall und zu jeder Zeit der Erste zu sein. Bei einem Mißerfolg gibt es niemanden, der diese Jungen auffängt.

Sie werden in ein Männlichkeitsbild von smarter Selbstdarstellung gezwängt. Aus jeder Situation gehen sie mit der unerschütterlichen Maske des Gewinners hervor. Und wenn sie verlieren?

So werden keine selbstbewußten Männer herangezogen, sondern narzißtische Männlichkeits-Darsteller.

Keine Nachfolger

Allen diesen Vätern ist gemeinsam, daß die Söhne ihnen nicht »nachfolgen« werden. Dies war in früheren Generationen anders. Damals galt die »Nachfolge« des ältesten Sohnes auf den Vater viel und lieferte für alle Jungen eine Art Identitätsmodell, an dem sie sich orientierten. Auch für die Väter war die Vorstellung, daß der Sohn im Alter an ihre Stelle rücken würde, ein erheblicher seelischer »Gewinn«. Sie waren nicht auf ihre Individualität beschränkt, in gewisser Weise souverän gegenüber dem eigenen Tod.

Solche tiefgreifenden menschlich-familiären Beziehungen kennen wir nicht mehr. Der Begriff »Nachfolge« ist kaum noch bekannt. Was für den Vater galt, gilt für den Sohn nicht mehr. So entsteht ein Mangel in der unmittelbaren persönlichen Beziehung und Auseinandersetzung. Er ist kaum auszugleichen. Alle Väter bleiben ihren Kindern etwas »schuldig«.

Desorientiert

Vielleicht war niemals zuvor eine Väter-Generation so ungeeignet, die Maßstäbe ihrer sozialen Welt verbindlich zu vermitteln. Sie ist ja oft selber desorientiert und überlebt durch einfache Anpassung. Anpassung ist aber nicht dasselbe wie die souveräne Verinnerlichung von sozialen Werten. Dies ist wohl auch der Grund dafür, daß die Konflikte in den Familien in eine gewisse Beliebigkeit abgesunken sind – was ihnen allerdings nicht die Heftigkeit nimmt, die wechselseitigen Verletzungen nicht mindert.

Sicher sind die Chancen, über Streitpunkte rational zu reden, heute in der Familie größer geworden, andererseits scheint auch der Hang zur wechselseitigen Gleichgültigkeit zuzunehmen. Die großen Vater- und Sohntragödien früherer Zeiten scheinen kaum noch möglich. *Michael Kramers* Vater in Hauptmanns gleichnamigem Drama würde heute keinen halbstündigen verzweifelten Monolog mehr halten, sondern mit einem bedauernden Achselzucken von der Bühne abtreten.

Zugleich sind auch jene seelischen tiefen Bindungen geschwunden, in denen sich früher konfliktreich die Männlichkeit des Sohnes am Bild des Vaters prägte. Wenn der Vater zurücktritt, wächst dann der Einfluß der Mutter? Bis zu einer gewissen Grenze ja, doch danach stößt der Junge in jenes seelische Vakuum, von dem wir vorhin gesprochen haben.

Es gibt aber kaum einen Zweifel daran, daß in vielen Familien die Bindung zwischen Sohn und Mutter intensiver ist als in früheren Generationen. Kein männlicher Rivale tritt mehr zwischen diese (nahezu) symbiotische Einheit und fordert sein Recht ein. Die meisten Väter würden sich das gar nicht zutrauen.

Dies ist aber ein weiterer Grund für den Jungen, den Vater mindestens bis zum zehnten oder elften Lebensjahr weitgehend zu ignorieren. Er bleibt eine Randfigur. Es lohnt sich nicht, mit ihm um die Liebe der Mutter zu rivalisieren; der kleine Sohn ist ihrer Liebe in jedem Fall gewiß. Die Folgen können freilich fatal sein. Sobald der Sohn in eine prä-pubertäre Phase eintritt, muß er sich von der Mutter lösen und nimmt es dem Vater bewußt oder unbewußt übel, daß er nicht in der Lage ist, ihm eine männliche Identifikation anzubieten.

Dies führt dazu, daß es in vielen Familien einen kleinlichen Kampf, ein verbissenes Ringen gibt, bei dem die Anlässe fast beliebig erscheinen. Wer hat in der Familie das Sagen? Solche Rivalitäten wurden in früheren Generationen ausschließlich zu Lasten der Söhne entschieden, das ist in zahllosen literarischen Zeugnissen und psychologisch-pädagogischen Fallgeschichten beschrieben worden. Heute werden die Auseinandersetzungen rationaler oder schein-rationaler geführt. Man einigt sich, man schließt einen Kompromiß, um des lieben Familienfriedens willen. Aber unterhalb dieser Rationalität beben nach wie vor die zerreißenden Gefühle, Ansprüche und Unsicherheiten – auf beiden Seiten. Eben in dieser Phase verlangt es einen Jungen nach einem eindeutigen

»männlichen« Vor- und Gegenbild, das sich als wirksam, mächtig erweist. Alles in ihm verlangt in der Not der Identitätsumwälzung – die wir so harmlos »Pubertät« nennen – nach einem kraftvollen Vater, der auch mal zu einem lauten, aber klärenden Wort in der Lage ist.

Freilich, der »allgemeine Zeitgeist«, der auch in den Familien Einzug gehalten hat, verbietet solch männliches Machtgebaren nachdrücklich. Die an Anpassung gewöhnten Männer haben kaum die Chance, sich diesem Druck zu entziehen. Anders freilich sieht es aus, wenn Vater *und* Mutter gemeinsam dem Kind gegenübertreten. In Phasen konfliktreicher Auseinandersetzungen kann auf diese Weise eine Klärung, eine seelische Ordnung in den familiären Konflikten hergestellt werden. Und damit sind wir wieder bei Karsten.

Sie sind die Eltern – Seien Sie es!

Einen Teil der Überlegungen, die ich eben grob skizziert habe, habe ich Karstens Eltern vorgetragen. Ich habe versucht, ihnen deutlich zu machen, daß sie mit ihrer ausdauernden Liberalität, die im übrigen zuletzt einen gereizten, ablehnenden Unterton bekommen hatte, den Sohn in seinen Konflikten alleinließen. Ich habe, mit anderen Worten, versucht, den Eltern klarzumachen, daß sie ihr eigenes schwaches Verhalten nicht als bewußten Erziehungsstil idealisieren sollten. Denn das war er nicht! Er war eine – durchaus typische – Summe all der Tendenzen, von denen wir eben gesprochen haben.

In der Familienberatung sind wir allerdings ganz und gar darauf angewiesen, daß Eltern bereit sind, Einsichten zu folgen. Nur wenn sie sich selbstkritisch und konkret mit ihrem Verhalten auseinandersetzen, besteht die Chance, daß die familiären Konfliktsituationen entschärft werden.

»Entschärft« ist eigentlich nicht das passende Wort. Mir ging es ja im Gegenteil eher darum – so paradox dies klingen mag –, daß die Konflikte zugespitzt, ja, daß sie überhaupt erst einmal *gelebt* würden. Bis dahin war es ja so gewesen, daß eine einhüllende und dumpfe Decke von Harmoniesucht einerseits und eines fortdauernden Mißmuts beziehungsweise einer »Meckerei« andererseits dazu beitrugen, daß der Konflikt auf einem mittleren Hitze-Level vor sich hinbrodelte. Alle Seiten fürchteten sich insgeheim vor einer Explosion, die aber vielleicht nicht zerstörerisch, sondern hilfreich gewesen wäre. Sie hätte endlich das bewußte und in gewissem Sinn unausweichliche Erleben des wechselseitigen Zorns, der Frustrationen, der Kränkungen erlaubt. Wahrnehmen, was ist! Das ist nicht die schlechteste Voraussetzung dafür, einen Konflikt zu lösen.

Allerdings wandte die Mutter an dieser Stelle unserer Unterredung ganz zu Recht ein, daß »Wahr-nehmen« nicht in jedem Fall zur Lösung des Konflikts und gar zur Beseitigung des zugrundeliegenden Konfliktpotentials beitrage. Das ist richtig. Es ist keineswegs so, wie die eine oder andere therapeutische Schule über lange Zeit erfolgreich behaupten konnte, daß das Austragen eines Konflikts *an sich* positiv wirkt. Im Gegenteil, die Zuspitzung eines Konflikts kann, wenn sie mit untauglichen Mitteln geschieht, zu einer unversöhnlichen Haltung auf beiden Seiten führen, denen weder das Kind noch die Eltern seelisch gewachsen sind. Ist es erst einmal so weit gekommen, befindet sich eine Familie in einer buchstäblich heillosen Situation.

Das konnte also nicht das Ziel der Beratung sein. Es ging mir um etwas anderes. Es ging mir darum, eine insgeheim von allen Seiten gewünschte – aber nicht eingestandene! – Ordnung in der Familie wieder herzustellen. Den Sohn verlangte es nach väterlicher Fürsorge, ebenso nach väterlicher Lenkung. Sie wurde ihm verwehrt. Die Mutter verlangte nach familiärer Harmonie. Sie selber hatte sich aber über viele Jahre viel zu nachhaltig an ihren Sohn geklammert und damit entscheidend zu der fatalen Situation beigetragen, in der er sich nun befand.

Ich habe es vorhin erläutert: Karsten stand in der ihn schier zerreißenden Spannung zwischen dem Wunsch, in das Kinderparadies zurückzukehren, und dem natürlichen Verlangen, in eine befriedigende männliche Lebenswirklichkeit hineinzuwachsen. Die Harmoniewünsche der Mutter waren für ihn erstickend. Die Mutter wehrte sich insgeheim dagegen, daß ihr Sohn erwachsen wurde. Sie wollte den Konflikt gar nicht lösen, sie wollte ihn schlicht ignorieren.

So verharrten alle Beteiligten in einem Konfliktzustand, der eben durch das ständige Reduzieren und Beschwichtigen erst recht unlösbar erschien.

Und der Vater? Natürlich hatte er insgeheim den Wunsch, von seinem Sohn respektiert zu werden. Jeder Vater hat diesen Wunsch. Er scheute aber vor allem und jedem zurück, was ihm diesen Respek hätte verschaffen können.

Man wird aber nicht respektiert, wenn man andauernd nachgibt.

Eben vor dieser Einsicht drückte er sich, auch um den harmonisierenden Wünschen seiner Frau nachzukommen. Wie viele Väter idealisierte er sein uneindeutiges Verhalten als nicht-autoritären Erziehungsstil.

Um Autorität oder Nicht-Autorität ging es aber gar nicht. Es ging schlicht und einfach um »Respekt«. Und es ging um die Frage, was ein dreizehnjähriger Junge wie Karsten benötigte, damit er seinen Vater respektieren konnte – was er von Herzen gern wollte. Daß die Nachgiebigkeit des Mannes gegenüber den offenkundigen und den geheimen Wünschen der Mutter den Sohn wenig beeindruckte, war leicht einzusehen. Ebenso lag klar auf der Hand, daß Karsten sich in diesem unausgetragenen Konfliktszenarium insgeheim als Sieger fühlen konnte, er war es ja schließlich, der die Familie in beständige Unruhe versetzte. Dies war alles wenig geeignet, in ihm Respekt zu erwecken. Trotz dieser in vieler Hinsicht heiklen Konfliktlage hatten wir Glück.

Es gab für Karsten eine Lösung, die gibt es keineswegs in jedem Fall. Der Grund war ein einfacher: Die Mutter respektierte, ja, liebte ihren Mann. Insofern war sie in der Lage, nach wiederholten Gesprächen einzuräumen, daß sie in ihrer Affenliebe zu dem Sohn den Vater vernachlässigt hatte. In diesem Zusammenhang war es dann nur noch ein kleiner Schritt zu verstehen, daß sie eben dadurch den Vater für den Sohn entwertet hatte. Diese seit Jahren andauernde Entwicklung war natürlich nicht einfach durch eine Willensbekundung aller Beteiligten aufzulösen. Was geschehen war, war geschehen. Die Verhaltensschwierigkeiten des Jungen konnten zwar als eine Folge der »unordentlichen« familiären Situation gedeutet werden, aber eine Deutung ist noch keine Veränderung.

Aber immerhin, das seelische und kommunikative Potential zur Veränderung war in dieser Familie vorhanden. Und ich entschloß mich zu einem weiteren, durchaus ungewöhnlichen, aber letztlich konsequenten Schritt.

Karsten selber hatte mir zum Verständnis und zur Analyse dieser Situation eine Reihe von Hinweisen gegeben. Mir war, ich habe es vorhin erwähnt, schon bei den ersten Gesprächen aufgefallen, daß er auf autoritäre Signale positiv reagierte. Gleichzeitig nahm er alle Zeichen von Zuneigung, Zuwendung, die ich diesem Jungen problemlos geben konnte (er war mir in der Tat sehr sympathisch), bereitwillig, ja, geradezu begierig auf.

Was hier stattfand, hätte man in einem tiefenpsychologischen Dialog als »Übertragung« gewertet. Ich erfüllte in zwei zentralen Punkten für Karsten die Vaterrolle. Ich war der gewährende und der strenge Vater. Ich war der schützende und der fordernde Mann. Karsten verlangte nach jeder einzelnen dieser Eigenschaften. Er benötigte sie.

Das große seelische Abenteuer, das die Eltern und der Junge dann eingingen, bestand darin, diese Wünsche aus dem geschützten Raum der Therapie zurückzulenken in den realen Raum der Familie, von der Projektionsfigur des Betreuers oder Therapeuten zurück auf die wirkliche Beziehungsperson, vom fiktiven zum realen Vater.

6. Kapitel

Es gibt viele Charaktermerkmale eines »vaterlosen« Kindes, eigentlich ist es ganz einfach zu verstehen. Über viele kindliche Lebensjahre hinweg hatte Karsten gelernt, daß es auf die Welt »draußen« und die anderen Menschen nicht so sehr ankomme. Bei jeder kleinsten Enttäuschung, ja bei jeder Anstrengung hatte er die Möglichkeit, sich auf die Bindung zur Mutter zurückzuziehen. Diese Bindung ersetzte alle anderen. So blieben auch seine Gefühle blaß und unentwickelt. Kein Wunder, daß Karsten jederzeit bereit ist, sich aus sozialen Kontakten wieder zurückzuziehen. Sie haben für ihn immer einen vorläufigen, widerrufbaren Charakter. Letztlich kann man alles austauschen, ein Freund ist so gut wie der andere, eine Spielerfahrung so viel wert wie die andere. Es ist eigentlich erstaunlich, daß Karsten mit diesem schwachen Gefühlshintergrund zumindest in der Lage war, einige Hobbys zu entwickeln.

Am liebsten malt, zeichnet, oder besser gesagt, »designt« er. Dann gewinnt er all die Eigenschaften, die ihm sonst im Umgang mit Dingen oder Menschen fehlen, er ist hoch konzentriert, verliert sich in Feinheiten von Entwürfen, Ausführungen, er zeigt Begabung und dabei auch etwas wie Stolz, »Ich-Bewußtsein«.

Ich bin ganz gern allein, sagt er auf meine Frage, ob er Freunde habe. Dabei ist Karsten keineswegs ein Einzelgänger. Die Geburtstagspartys der Kinder erscheinen mir oft wie ein Indikator ihrer jeweiligen Popularität. Je mehr Freunde eingeladen werden und tatsächlich kommen, desto höher rangiert ein Kind in der Beliebtheitsskala einer Schulklasse. Auf Karstens Geburtstagen ist immer eine Menge los. Aber der Schein trügt. Nicht viele Freunde hat er, er hat nur viele austauschbare Beziehungen zu vielen austauschbaren Kindern. Das eröffnet ihm auch die Möglichkeit, sie je nach Stimmung auszuwählen.

Für das Computerspiel zu zweit ist ein anderer vorgesehen als für die gemeinsamen Hausaufgaben oder Übungen für die Klassenarbeit, beim Basketball ist er am liebsten mit wiederum einem anderen Jungen zusammen, und gelegentlich tobt er mit einem stämmigen türkischen Knaben auf der Straße herum, der zwei Jahre jünger ist als Karsten und zwei Jahre älter aussieht.

Die Frage nach »Freunden« führt nicht sehr weit. Sie läßt sich eigentlich nicht beantworten. Freunde – das bedeutet in Karstens Welt keine tiefgehende Beziehung, sondern nur ein System von möglichen Verabredungen, die mehr oder minder nützlich sind.

Karsten fällt es leicht, sich zurückzuziehen, sich den Menschen zu entziehen. Es ist natürlich ein Rückzug auf die Mutterbindung. Man muß nicht unbedingt mit der Tiefenpsychologie vertraut zu sein, um diesen Zusammenhang zu erkennen. Was vom lebendigen Kontakt zu anderen Menschen wegführt, das endet für Karsten nicht in einer Leere, sondern in einer mütterlich einhüllenden Beziehung, die ihm über viele Jahre wichtiger war als alles andere auf der Welt. Karsten spielt heute, als Pubertierender, geradezu souverän mit diesem Sich-entziehen und Sich-öffnen.

Wenn er in soziale Bezüge eintritt, in Gruppen spielt oder herumstreunt, dann ist er zunächst tief verunsichert. Deshalb bleibt er nur dort, wo er Gruppenformen vorfindet, die seinen selbstbezogenen Bedürfnissen entsprechen. Daraus ergibt sich ein zwiespältiges Bild. Die Gruppen der Gleichaltrigen sind für Karsten – und für Jungen wie ihn – einerseits von durchaus tiefreichender emotionaler Bedeutung, werden aber genau aus diesem Grund bei geringstem Anlaß aufgegeben.

Jungen wie Karsten gelingt dieser Übergang von einer Gruppe zu einer anderen in der Regel problemlos. Es ist gerade die jahrelange erfahrungsgesättigte Bindung an die Mutter, die ihnen ein gewisses Flair von Unbekümmertheit, eine fast anmaßende Lässigkeit und den Gleichmut im Umgang mit den Dingen der Realität verleiht. Solche Kinder, die in narzißtischen »Kollusionen« verharren, haben oft einen besonderen selbstbezogenen Charme. Sie sind ihrer selbst so gewiß, wie sie ihrer mütterlichen Liebe gewiß waren. Sie sind ihrer Wirkung auf andere Menschen so gewiß, wie sie ihrer Wirkung auf die Mutter gewiß waren. Andererseits läßt ihr Mangel an Wirklichkeitserfahrungen sie instabil, oft gefährdet erscheinen.

Kinder und Jugendliche, die eine weniger geborgene Kindheit durchlebten, neigen dazu, den »Karstens« dieser Welt vieles nachzusehen. Manche Unzuverlässigkeit, manches gebrochene Versprechen, manche vergessene Zusage wird ihnen weniger übel genommen als anderen. Dies alles scheint sozusagen zu ihrem Charakter zu gehören und hat von da aus eine gewisse Stimmigkeit. Natürlich bestätigen solche »weichen« Reaktionen der Umwelt Karsten in seinem Verhalten. Er befindet sich in einem Kreislauf, der manchmal zum Teufelskreis werden kann.

Leider bekommt Karstens Popularität tiefe Risse, wenn er Wünsche und Bedürfnisse an die Gruppe heranträgt. Er tut dies in der Art, wie er es in der frühen Kindheit gelernt hat: ungeduldig, fordernd, aggressiv. Genau an dieser Stelle ist die nachsichtige Geduld der »Altersgenossen« schnell erschöpft. Aus kleinen Meinungsverschiedenheiten werden dann Differenzen, aus Differenzen oft aggressiv ausgetragene Auseinandersetzungen, die nicht mehr beherrschbar sind und in Prügeleien enden können.

Auf die Frage: Aus welchen Gründen entstehen die Konflikte in euren Gruppen? zuckt Karsten die Schultern. Er weiß es wohl wirklich nicht, und das kann uns nicht weiter verwundern: der Ablauf seiner seelischen Reaktionen – Bedürfnis, Forderung, Unfähigkeit zu Frustration und Aufschub, Konflikt, Auseinandersetzung – verläuft derart unmittelbar, daß er keinen Gedanken, kaum ein Gefühl darauf verschwenden kann. Man muß sich seine Reaktionen vorstellen wie die eines Kleinkindes, sie ergeben sich mit einer gewissen Zwangsläufigkeit und Selbstverständlichkeit. Karsten fordert und erhält nicht, seine Heftigkeit erreicht sofort unverhältnismäßige Ausmaße, und dann schlägt er um sich, einmal mit Worten, dann mit Fäusten. In einer Umgebung von Dreizehnjährigen bleibt solche Aggressivität nicht unbeantwortet. Der eine oder andere Junge findet sich immer, der nur auf einen Anlaß gewartet hat, um seinen eigenen aufgestauten Zorn auszuleben. Wenn man sich diese Gruppendynamik vor Augen führt, ist es eher überraschend, daß die Konflikte zwischen den pubertären Jungen nicht viel häufiger und heftiger in Prügeleien ausarten.

Ich sage es ungern, aber ich war hilflos. Vor mir saß ein dreizehnjähriger Junge, eher introvertiert, mit einer gewissen Sensibilität, einer gewissen Freundlichkeit, der mich ganz ohne Feindseligkeit, ja, wie es schien, ohne Skepsis anschaute. Er fand unser Gespräch, soweit ich es sah, ganz interessant, jedenfalls nicht belastend. Er fühlte sich ja bei allem immer noch im Recht.

Und auf einmal ging eine merkwürdige Verwandlung in mir selber vor. Vielleicht ist es so, daß Karsten in mir selber eine lebenslange Abwehr gegen immerwährende Kompromisse, immer erneute Rücksichtnahmen auf dieses oder jenes, aufgerührt hatte. Jedenfalls verstand ich ihn. Verstand zumindest mehr von ihm als vorher. Sein Verhalten erschien mir auf einmal – zumindest aus seiner Perspektive – konsequent, viel konsequenter als das vieler Erwachsener. Wir muten uns Abstriche an unseren Wünschen in einem Ausmaß zu, von denen sich Kinder wie Karsten keine Vorstellung machen; sie verstehen das einfach nicht.

Karsten spürte mit der Sensibilität, die für Jungen seiner Art kennzeichnend ist, daß irgend etwas in mir vorging, eine Veränderung in meinen Wahrnehmungen eingetreten war, und er schaute mich an. Unsere Blicke begegneten einander.

Und dann passierte etwas, das es in therapeutischen Situationen, auch in denen zwischen Erwachsenen und Kindern, immer wieder gibt: Wir berührten, wissend oder unwissend, willentlich oder unwillentlich, einen gemeinsamen seelischen Punkt. Er liegt in der Regel außerhalb der Vernunft. Solche Momente sind vielleicht die wichtigste Quelle erfolgreicher Pädagogik oder Psychotherapie.

So sehr ich davon überzeugt bin, daß es zunächst ein Art »aufrührerischer« Impuls war, der uns für einen Augenblick unbewußt zusammenführte, eine tiefliegende seelische Absage an Anpassung jeglicher Art, die wir für einen Augenblick miteinander teilten – so stellte sich danach sofort ein zweites Motiv ein: Ich empfand plötzlich vehement die »Vaterlosigkeit« dieses Jungen. Ich empfand seine durch kein positives Vaterbild gemilderte Schutzlosigkeit, sein Ausgesetztsein in einer fremden Welt. Dieser Junge war in unmittelbarem Sinn verwahrlost, und er sehnte sich – jenseits seiner Egozentrik – nach einer bergenden, schützenden Ordnung. In der seelischen Welt dieses Jungen gab es so viel Erstarrtes. Die Mutter-Sohn-Symbiose ist in gewisser Weise ins Leere gelaufen, sie zieht Karsten immer wieder zurück auf eine Entwicklungsstufe, die er eigentlich überwunden hat. Da ist nichts Lebendiges mehr von der in den ersten Lebensjahren so glückhaften Beziehung. Es müssen intensive Beziehungsjahre zwischen Mutter und Kind gewesen sein, aber es gehört zur natürlichen Tragik des Menschlichen, daß eben dies, eben das Glückhafte, aufgegeben werden muß, damit es produktiv bleiben kann. In der Verbindung dieser beiden Menschen gibt es nichts Produktives mehr, sie rotiert in sich selbst und endet in einem gewissen Mißmut. Karsten möchte von den »Nörgeleien der Mutter« weg und weiß nicht, wie. Die Mutter möchte ihn durchaus »loslassen«, wie das moderne Schlagwort heißt, aber sie weiß nicht, wie sie es anstellen soll, und hat Angst vor der Unberechenbarkeit der Zukunft.

Erstarrt ist auch die Beziehung zum Vater, sie ist gewissermaßen in einem Vorstadium steckengeblieben. Der Vater spielt keine Rolle, aber er *müßte* eine Rolle spielen! Karstens Bedürfnis nach vorbildhafter Männlichkeit und Schutz ist überdeutlich. Steckengeblieben, aber nicht aufgegeben, ungelebt, aber unverzichtbar – so kann man die gegenwärtige Verfassung zwischen Vater und Sohn charakterisieren.

Erst recht erstarrt sind auch Karstens soziale Kontakte. Dieses ewige Hin und Her zwischen zahlreichen Kindern, zwischen verschiedenen Gruppierungen könnte auch einem unaufmerksamen Beobachter nicht das Unglück verbergen, das sich in seiner Unstetigkeit zeigt. Karsten bewegt sich gewissermaßen in einer ungestalteten sozialen Umgebung, er findet keinen Halt in ihr, nur kurzzeitige Beruhigung seiner immer wieder überbordenden Wünsche und Bedürftigkeiten.

Er hätte schon gern einen Freund, einen richtigen, er hätte schon gern eine Beziehung zu einer Mutter, die ihm nicht alle sozialen Bezüge erstickt. Und vor allem – zumindest in dieser pubertären Phase seines Lebens: *Er hätte gern einen Vater.* Der Wunsch nach Ordnung und Struktur in einem unübersichtlichen Lebensgelände ist so intensiv, daß sich Karsten sogar mit Ersatz zufriedengäbe, mit einem Ersatzfreund, einem Ersatzvater – eine Ersatzmutter freilich kann es nicht geben. Die Bindung an das Mütterliche hat einen so intensiven und ausschließlichen Charakter, das sie nicht durch etwas Geringeres ersetzt werden kann. Der weitere Verlauf der therapeutischen Betreuung wird mir von diesem Kind geradezu aufgezwungen. Ich muß nur seiner Bedürftigkeit und Not folgen, sie zeigt mir den Weg.

Ich sage: Wir treffen eine Verabredung, wir beide. Wir machen gemeinsam einen Plan.

Plan? fragt Karsten, was für einen Plan?

Für alles und jedes, sage ich und lache. Wir planen jetzt einfach mal alles durch.

Karsten stutzt. Dann grinst er. Mein ganzer Charakter erscheint ihm nicht so, als wäre ich von Plänen, Verplanung des Lebens besessen.

Andererseits horcht er auf, oder sollte ich besser sagen: Etwas in ihm horcht auf. Solche Vorschläge hat man ihm noch nie gemacht. Vorschriften ... Wir beginnen, sein Leben buchstäblich zu verplanen. Der Plan war der Halt, den er dringend benötigte. In gewisser Hinsicht war es ein künstlicher, aufgesetzter Halt – das war mir durchaus klar, und ich denke, in einem gewissen Umfang war es auch Karsten klar. Und dennoch gab es keine andere Möglichkeit, seinem zergliederten Leben wieder Ordnung und Struktur zu geben. Nachdem mir in einem dieser momenthaften Verständigungen, wie ich sie oben beschrieben habe, so deutlich geworden war, wo die seelische Not bei Karsten zu finden sei, hatte ich auch den Mut und wohl auch das Recht, auf diese Weise in sein Leben einzugreifen. Karsten hatte gegen meinen Vorschlag gar keine Einwände. Ihm leuchtete das Aufstellen einer formalen Ordnung durchaus ein.

Wir begannen mit den Unterrichtsstunden. Welche Stunden sind am schwierigsten für dich? frage ich. Karsten sagt ohne Zögern: Mathe. Also fangen wir mit Mathematik an! Ich fragte: Wie lange kannst du dich auf den Unterricht konzentrieren?

Karsten zögert. Ich war jetzt ganz sicher, daß er in allen Antworten vollkommen ehrlich sein würde. Die Zeit der Tricksereien, der Ausreden und des Drumherumredens war für ihn – jedenfalls für eine gewisse Zeitspanne – vorüber. Er wollte Halt, er wollte Redlichkeit, wir leisteten gemeinsam eine Arbeit, die zu gleichen Teilen eine seelische und eine organisatorische war. Karsten nahm sie ernst, das sah man ihm an. Und damit war ein erster wichtiger Schritt getan.

Nicht der Plan, sondern Karstens Bereitschaft mitzumachen war das Entscheidende.

Karsten sagte: Eine Viertelstunde! Ich fragte: Zwanzig Minuten, schaffst du das? Karsten zuckte die Schultern. Ich kann es versuchen, sagte er.

Versuchen reicht nicht, sagte ich. Nein, sagte Karsten, das weiß ich schon. Also ...? fragte ich. Zwanzig Minuten, sagte Karsten.

Gut, antwortete ich, ich schreibe das auf.

Penibel notiere ich jeden einzelnen Schritt unserer Übereinkunft. Zwanzig Minuten Konzentration, zehn Minuten Ausruhen, dann noch eine Viertelstunde Konzentration. Karsten nickt. Damit kam er zurecht. Er fühlte sich ernst genommen, weil er selber etwas sehr ernst nahm. Jetzt Englisch ... sagte ich.

Wir gingen tatsächlich die Vormittagsstunden in der Schule Fach für Fach durch. Wir legten für die wichtigsten Schulstunden und die schwierigsten Tage bis ins Detail fest, wie Karsten sich zu verhalten habe. Wir stellten einen Ordnungsrahmen auf, der für die problematischen Phasen des Schulunterrichtes überhaupt keine Alternativen offen ließ. Alles war »verregelt«, alles war geklärt!

Aber diese Klärung griff eben nur, solange und soweit Karsten bereit war, sie für sich zu akzeptieren. Dies ist ein ganz entscheidender Punkt. Ich habe Karsten nicht einen Moment lang seine Verantwortung und seine Freiheit abgenommen. Der Ordnungsrahmen, den wir gemeinsam aufstellten, war ein zutiefst pädagogischer. Er wurde Karsten in einem gewissen Sinn vorgeschrieben, aber zugleich machte ich nicht nur mit Worten, sondern mit Gesten und insgesamt mit meiner ganzen Person deutlich, daß dieser Ordnungsrahmen, diese Vor-Schrift von ihm respektiert und von ihm verantwortet werden mußte. Es war ein Rahmen, so könnte man sagen, der es ihm ermöglichte, mir zu antworten! Meine Autorität galt so lange, wie Karsten bereit war, mir diese Antwort zu geben.

Auf der Grundlage dieser seelischen »Konstruktion« wurde der sehr formal gefaßte Stundenplan zu mehr als nur einer äußeren Ordnung. Die zwanzig Minuten im Matheunterricht, die Viertelstunde Englischunterricht, sie waren immer auch markante Punkte im Verlauf eines Vormittags, an denen Karsten sozusagen auf sich selbst zurückgeworfen war. Jedesmal stand er wieder vor der Entscheidung, von sich aus unseren Plan – und das hieß nichts anderes, als seine Selbstverantwortung – zu berücksichtigen, zu befolgen oder zu verwerfen. Dieser Ordnungsrahmen war zugleich eine fortwährende Aufforderung zur Selbstreflexion.

Tatsächlich stabilisierte sich Karsten im Rahmen dieses vorgeschriebenen Ordnungsgefüges. Ein purer Zwang, eine nur formelhafte Setzung von Autorität hätte eine solche Verinnerlichung nicht hergestellt und wäre nach einer gewissen Zeit ins Leere gelaufen. Jetzt aber hatten wir die Chance, daß Karsten mit jedem Schritt in eine Selbstverantwortung, die er bisher nicht gekannt hatte, auch die Bereitschaft in sich festigte, gegenüber einer männlichen (Stellvertreter-)Autorität einen inneren Respekt aufzubauen. Respekt und Antwort-Geben, das ist ein und dasselbe. Jede Autorität bleibt leer und hohl, wenn sie nicht respektiert wird. Jedes pädagogische Bemühen bleibt vergeblich, wenn es in der Psyche eines Kindes keine Antwort findet. So war es auch mit uns. Mir war zugleich klar, daß ich einen Platz beanspruchte, der auf Dauer von einem anderen ausgefüllt werden mußte. Dieser andere war natürlich Karstens Vater. Er mußte schrittweise nachholen, was er versäumt hatte: nämlich in Karstens Leben eine Bedeutung einzunehmen. Dazu mußte er sie aber erst einmal beanspruchen. Anspruch »erheben« kann man nur auf etwas, von dessen Rechtmäßigkeit man zutiefst überzeugt ist. Deswegen war es gleichzeitig mit der Aufstellung eines Planes von größter Bedeutung, Karstens Vater von seiner väterlichen Autorität zu überzeugen. Aber meine Überlegung ging noch einen Schritt weiter. Die väterliche Autorität, die Karsten so dringend benötigte, war eigentlich eine elterliche. Sie entstand aus dem Wechselspiel von Mütterlichkeit und Väterlichkeit. Sie war nur durch eine Veränderung im Verhältnis von Karstens Vater *und* Mutter erreichbar.

Folgerungen

Karstens Fall zeigt uns einige Einsichten, die wir festhalten sollten. Zehn-, zwölf-, vierzehnjährige Jungen brauchen in einer modernen Welt, die zwar Komplexität, aber keine Ordnung anbietet, eine verbindliche, ruhige und vor allem *unumgängliche* Identifikationsperson. Was ich benötige, darf mir auf Dauer nicht fehlen. Ich gerate sonst seelisch in Not!

Karsten befand sich in einer Notlage, weil er das Notwendige nicht erhalten hatte. Was ich damit meine? Ich meine Autorität, persönliche, direkte, uneingeschüchterte Autorität.

Aber was ist väterliche Autorität konkret, und wie kann sie gelebt werden angesichts der Beeinträchtigungen, von denen vorhin die Rede war? Wir müssen ja in jedem Fall akzeptieren, daß gesellschaftliche Entwicklungen von Individuen nicht einfach durch Willensbeschluß wieder aufgehoben werden können. Insofern muß bei unseren weiteren Überlegungen von einem *modernen* Vater die Rede sein. Er unterscheidet sich in vielen Punkten von den Vätern früherer Generationen, und das ist auch gut so. Es gibt nicht den geringsten Grund, sich – sozusagen unter dem Druck moderner Probleme – unreflektiert nach den guten alten Zeiten zurückzusehnen. So gut waren sie nicht! So gibt es auch keinen Grund, angesichts der Identitätsnot durch fehlende Väterlichkeit, die viele Jungen heute erleben, nach dem alten autoritären Vater zu rufen. Er hat historisch ausgedient, es gibt ihn nicht oder jedenfalls nicht mehr in großer Zahl, und das ist gut so. Wir wollen nichts daran ändern. Trotzdem müssen wir festhalten, daß in der Entwicklung zwischen Vätern und Söhnen etwas schief gelaufen ist. Es gilt, diese Schieflage wieder ins Lot zu bringen.

Der erste wichtige Punkt dazu lautet: Verbindlichkeit. Das ist etwas, das den modernen Kindern äußerst schwerfällt. In den modernen Massenmedien gibt es keine Verbindlichkeiten. Wir haben darüber in den ersten beiden Kapiteln gesprochen. Die Medien proklamieren, daß »alles möglich ist« und nur das zählt, was mir zu meinem persönlichen Nutzen ausschlägt oder die Kraft hat, mich zu faszinieren, zu fesseln. Von gesellschaftlichen Institutionen geht kaum noch Bindekraft aus – der Einfluß der Organisationen wie Kirchen und Gewerkschaften, die früher in gewissem Umfang Orientierung und »Sinn« stifteten, schwindet. Der gesellschaftliche Zusammenhalt wird insgesamt geringer. Diese Entwicklung ist nicht gut für Kinder, und sie wird von ihnen auch nicht gewollt.

Es ist kein Zufall, daß gerade neuere empirische Untersuchungen zeigen, daß Kinder und Jugendliche zunehmend nach verbindlichen Orientierungen verlangen. An oberster Stelle der Werteskala rangieren seit einigen Jahren regelmäßig solche Bezugsgruppen, Personen oder Tugenden, die mit persönlicher Verantwortung, persönlicher Beziehung, persönlicher Verbindlichkeit zu tun haben. Die Familie wird immer an erster Stelle genannt, Vater und Mutter führen längst nicht mehr, wie es in den frühen achtziger Jahren der Fall war, ein Schattendasein in der Beliebtheitsskala ihrer Kinder.

Der Wunsch nach Freunden ist ebenfalls groß, auch das Verlangen nach Liebe, die mehr ist als Sex und Bedürfnisbefriedigung. Dies alles sind Signale überdeutlicher Art, die unsere Kinder an uns aussenden. Sie haben den Wunsch, offensichtlich den dringenden Wunsch, daß auch von ihnen Verbindlichkeit gefordert wird.

Wer will schon immer die Wahl haben?

Ich sage »gefordert wird«, ich wähle die Passivform mit Bedacht, denn Kinder in einer modernen Medienwelt sind aus eigener Kraft nicht in der Lage, Bindungen einzugehen und aufrechtzuerhalten. Es gibt zu viele Impulse und Eindrücke, zu viele Stimulationen, die dagegenwirken. Die Festigung der Bindung muß von den Erwachsenen ausgehen. Sie muß von den Erwachsenen gefordert und schließlich auch durchgesetzt werden. Es gibt keine Alternative dazu.

Nun liegt es auf der Hand, daß solche Forderungen nach »verbindlichem Verhalten« nicht in irgendwelchen abstrakten Formeln vorgetragen werden können. In unserer Gesellschaft scheinen allgemeine Forderungen, allgemeine Setzungen, ja insgesamt das »Man« nur noch wenig zu gelten. Wiederum sage ich, das ist auch gut so. Wir wollen nichts daran ändern. Es geht ja auch nicht um weniger individuelle Freiheit, sondern um eine Konkretisierung von Verbindlichkeit, die sich in jeder Alltagssituation zeigt: die Einhaltung von Verabredungen, die Einhaltung von familiären Regeln, die selbständige Begrenzung von eigenen Wünschen, wenn sie allzu lange auf Kosten eines anderen Familienmitgliedes gehen.

Dies alles kann und muß natürlich auch diskutiert und verabredet werden. Aber nur Verabredung, ich sagte es schon, ist zu wenig. Was Kinder von uns verlangen können, ist, daß wir das Verabredete auch durchsetzen.

Kinder haben in allem und jedem heute die Wahl – die

Schulpflicht ausgenommen. Für ihre Musikwünsche stehen ihnen so und so viele Radiosender zur Verfügung, für die Wahl der Musikvideos drei oder vier TV-Sender, die sich nur an Jugendliche richten, die Angebote in den Kaufhäusern sind für die junge Generation schier unerschöpflich, die Angebote im Internet sind es noch mehr, in allem und jedem erscheint die Wirklichkeit wie eine Art von Selbstbedienungsladen. Das ist genug freie Wahl, mehr brauchen sie nicht.

Insofern besteht ein fundamentaler Unterschied zwischen dem, was heute von Kindern an Regeleinhaltungen gefordert werden kann, und dem, was ihnen in früheren Generationen abverlangt wurde. Ich meine damit folgendes: In meiner Kindheit gab es pro Woche eine einzige Sendung, die Musikwünsche der größeren Kinder und Jugendlichen erfüllte. Ich weiß heute noch, wann und zu welchem Zeitpunkt das war: Immer mittwochs, immer von 18.00 bis 19.00 Uhr. Den Rest der Woche liefen Programme für kleine Kinder oder Erwachsene. Die Räume für Jugendkultur, für jugendliches Lebensgefühl und für Lebensstil waren extrem begrenzt. Jugendliche waren sozusagen umgeben und eingezwängt von einer durch und durch normierten Erwachsenenwelt.

In dieser Situation hatte die Durchsetzung von Regeln, die Erwachsene aufgestellt hatten, einen ganz anderen, letztlich bedrohlichen Charakter. In gewisser Weise standen die ohnehin begrenzten, fragilen Anteile von frei verfügbarer Jugendkultur immer wieder zur Disposition. Sie konnten jederzeit von Erwachsenen, von Eltern oder Lehrern »eliminiert« werden.

Daran hat sich heute – Gott sei Dank – so gut wie alles geändert. Das Aufstellen von Regeln bedeutet keineswegs mehr, daß sich eine übermäßig genormte, dem jugendlichen Lebensgefühl fremde Welt der Erwachsenen durchsetzt. Selbst Verbote dieser oder jener Sendung schneiden Kinder und Jugendliche nicht mehr von ihrem Lebensmilieu ab. Berechtigte Autorität bedeutet nicht mehr, daß jugendliche Empfindlichkeiten verletzt, daß das schwierige Erwachen von Selbstbewußtsein zerstört oder auch nur gefährdet wird.

Dies alles, behaupte ich, ist nicht mehr der Fall. Glücklicherweise hat sich vieles zugunsten der Kinder und Jugendlichen gewendet. Aus diesem Grund müssen Erwachsene häufig verblüfft zur Kenntnis nehmen, daß ihre Kinder auf klare autoritative Sätze keineswegs eingeschüchtert oder aggressiv reagieren, sondern *anders*.

Viel eher als eingeschüchtert reagieren sie auf Regeln mißtrauisch, weil sie sich in ihrer Egozentrik beeinträchtigt fühlen. Das ist aber etwas ganz anderes als jene abgrundtiefe Angst vor kindlich-jugendlichem Identitätsverlust, von dem ich vorhin sprach. Egozentrik, oft mit einem guten Schuß Trägheit, ist kein sonderlich schützenswertes seelisches Gut. Sie läßt sich auch schlecht ins Feld führen, um die Erteilung und Einhaltung von Regeln zu reduzieren oder die Berechtigung von familiären und/oder elterlichen Regelforderungen zu bestreiten. Dagegen gibt es eine Reihe von guten Gründen, die die Notwendigkeit von verbindlichen Forderungen und deren Durchsetzung bekräftigen.

7. Kapitel

Vater Sie machen es mir wirklich nicht leicht. Wenn ich Sie richtig verstehe, dann wollen Sie zwei Dinge. Ich soll einsehen, daß ich in der modernen Welt wenig auszurichten habe, und ich soll dies mit autoritären Mitteln tun. Richtig?

Autor Ich hätte es nicht besser sagen können.

Vater Nun gut, aber mit einer kleinen süffigen Pointe kommen Sie mir nicht davon. Ganz offensichtlich befinden Sie sich ja in einem Widerspruch, das muß Ihnen doch auch klar sein.

Autor Ein *notwendiger* Widerspruch. So etwas gab es schon mal, etwa in der klassischen deutschen Philosophie. Wenn unsere Schulen nicht so bildungsfeindlich wären, könnten wir uns in Erziehungsfragen gelegentlich der Mittel der Philosophie bedienen. Das würde möglicherweise vieles vereinfachen!

Vater Das hilft mir jetzt nicht sehr viel weiter.

Autor Es gibt keine simplen Lösungen. Die Kinder wachsen in eine völlig neue Kommunikations- / Berufs- / Kulturwelt hinein, von der wir Erwachsenen wenig oder gar nichts wissen. Und trotzdem brauchen sie Anleitung, Lenkung und Schutz, kurz, sie brauchen Erziehung. Aus diesem Widerspruch helfen keine kurzschlüssigen Rezepte heraus. Wir können versuchen, aus den vielen psychologischen Ratschlägen, die zum Thema Familie und Erziehung in den letzten zwanzig Jahren diskutiert wurden, das Vernünftige herauszupicken. An der einen oder anderen Stelle mag das helfen. Ganz generell wird uns aber weder Herrn Gordons Familienkonferenz noch die themenzentrierte Interaktion oder sonst etwas aus dem Dilemma heraushelfen, das ich eben genannt habe. Wir sind Erzieher ohne Vorstellung von dem, wozu wir erziehen wollen. Trotzdem brauchen wir – vielleicht unter diesen Umständen sogar in besonderem Maße – Familien, in der Vater und Mutter ihre festen Rollen ebenso haben wie die Kinder. *Alle* wollen das, nicht nur die Eltern, die Kinder auch. Und trotzdem prallt dieses schöne Modell immer wieder auf veränderte Wirklichkeit. Alles, was wir tun können, ist, diesen Aufprall zu mildern. Das ist vermutlich die vornehmste Aufgabe von Erziehung in der Familie heute.

Vater Mein Anteil ist also ein bescheidener?

Autor Bescheidener als der der Mutter, das ist schon wahr, aber wichtig genug. Künftige Technologien und Kommunikations- und Erlebnismöglichkeiten unserer Kinder gewinnen permanent an Raum, immer kommt Neues auf sie zu, und sie spüren es. Sie warten sozusagen von einer Sensation auf die nächste, und die tritt auch mit Sicherheit ein. Tamagotchies, Pokémons, die Monster in der Hosentasche, sind nur einige Beispiele. Zur Zeit kündigen sich im Internet virtuelle Animateure an, die unsere Kinder auf ihren mentalen Weltreisen quer durchs Netz begleiten sollen, immaterielle, perfekte Wesen. Sie wissen alles. Sie kennen sich in der Repräsentation aus. Sie können den Kindern alles, die ganze Wissenswelt, darstellen, neue Spiele, Kontakte, Zugänge zu Informationen aller Art vermitteln – sogar zu Hausaufgaben, die, nebenbei gesagt, ein nicht-virtueller Lehrer für sie vorbereitet. Diese neuen Agenten im Netz sind großartig im Repräsentieren, vollkommene Spielkumpel in der virtuellen Welt – nur eine Präsenz, eine Wirklichkeit haben sie nicht.

Vater Das haben Sie jetzt schon einige Male erwähnt.

Autor Es ist auch von zentraler Bedeutung, zumal im Zusammenhang mit der Frage nach der Bedeutung des Vaters, die Sie eben gestellt haben. Denn der Vater ist nicht nur Re-Präsentant. Er ist auch Präsenz.

Vater Haben Sie das eine Nummer kleiner?

Autor Sicher. Der Vater existiert. Er ist *da*. Das ist ein unschätzbarer Vorteil.

Vater (ironisch) Aha!

Autor Vater, das ist all das, was die virtuellen Figuren nicht sein können. Ein Vater gibt Geborgenheit, auch in einem direkten, körperlichen Sinn. Ich habe die Vermutung, daß gerade diese Tatsache den Kindern, die mit Teilen ihrer Seele in virtuellen Welten und Zukunftserwartungen schweben, ganz besonders wichtig ist.

Vater Bitte erklären!

Autor Der Vater ist einer, gegen den man anrennen kann und muß. Er darf natürlich nicht bei jedem kleinen Anrempler umfallen. Der Vater ist gewissermaßen ein reales Modell für die Austragung von Konflikten, von denen so viele auf diese Kinder zukommen. Für Konflikte sind die virtuellen Welten gänzlich ungeeignet. Das lernt man dort nicht, das übt man dort nicht. Diese weite und freundliche Kommunikationswelt ohne Störungen hat wahrscheinlich, wie zu viel Süßspeise, irgendwann auch einmal zur Folge, daß die Kinder Reales wollen; Direktes, Körperliches, Auseinandersetzungen und In-den-Arm-genommen-Werden. All das sollte ein Vater sein und tun.

Es wird dem modernen Mann natürlich sehr schwer gemacht. Der traditionelle Vater war – wenn auch auf ganz andere Art als die virtuellen Figuren – auch ein Re-Präsentant. Er repräsentierte die Gesamtheit der Normen und Wertigkeiten einer Gesellschaft. Er war gar nicht so sehr unmittelbar konkret und wirklich, sondern auf gespenstische Weise auch ein Vertreter der anonymen Gesellschaft. Der Vater, der war in der bürgerlichen Familie der immer anwesende Fremde, der Andere.

Sein Allerheiligstes, das Arbeitszimmer, verließ er nur zum Essen oder um die Kinder zu belehren. Man lese das einmal bei Thomas Mann nach. Er war mindestens so sehr Funktion wie Person. Er trat sozusagen im Auftrag der Gesellschaft in das Kinderzimmer und richtete dort oft genug verheerende Schäden an, seelische und manchmal körperliche. Diese Re-Präsentanz ist den Vätern heute genommen. Das ist natürlich auch eine Chance, bedarf aber ganz neuer Überlegungen, ganz neuer Vaterbilder.

Unsere Kinder lernen heute die Regeln der Kommunikation und überhaupt des Umgangs mit Menschen und Dingen durch die Medien, zunehmend durch Computer und digitale Übertragungssysteme (Internet). Da können Väter nicht konkurrieren. Wenn sie auf dem alten Vaterbild mit seinen alten Funktionen beharren, werden sie scheitern, so wie die Schule scheitert, weil sie auf den alten Bildungsauftrag beharrt.

In demselben Maße, in dem die Re-Präsentanz die Domäne der Medien wird, wird das Präsente, das Direkte, von dem ich eben sprach, im realen Leben auch immer notwendiger. Es hat für das seelische Leben eines Kindes, zumal eines Jungen, eine ganz eigene Kraft und Bedeutung.

Vater Welche? Können Sie das etwas konkreter sagen?

Autor Ich versuche es. Nehmen wir ein Beispiel. In den siebziger Jahren erfand der eben erwähnte amerikanische Autor Gordon die Familienkonferenz. Sie war ein gut gemeintes demokratisches Forum im Rahmen der Familie. Meinungen und Gegensätze sollten dort ausgetauscht und auf vernünftige Weise ausgehandelt werden. Nun kenne ich keinen einzigen Fall, in dem diese Familienkonferenz funktioniert hat. Trotzdem wurde das

 Büchlein viele Millionen Male verkauft, und es gibt immer noch unzählige Mütter und Väter, die dem Ideal der Familienkonferenz nachhängen.

Der Vater trat in dieser demokratisch gemeinten Gleichgewichtigkeit von Argumenten und Positionen, Bedürfnissen und Beurteilungen ganz zurück. Er war einer unter vielen. Und ich behaupte, daß eben dies den Kindern schadet.

In solchen Ratgebern hat er seine alte autoritäre Funktion einfach aufgegeben und sich den neuen Umständen angepaßt. Das ist zu wenig. Angepaßte Väter – was sollen halbwüchsige Töchter und Söhne mit denen anfangen?

Wenn der Vater also nicht mehr oder nur teilweise Werte und Normen verkörpern und direktiv durchsetzen kann – dann ist er eben ganz auf seine Person verwiesen. Er muß etwas sein, nicht etwas darstellen. Er muß Orientierung *sein.*

Das hat zur Folge, daß er seine Präsenz auch in direkt körperlichem Sinn ausleben kann und soll. Ein Vater hat Rechte, die ein Kind nicht hat. Er muß sie sich nehmen. Auf der anderen Seite hat natürlich auch ein Kind seine ganz besonderen Rechte, die nur Kinder haben. Einfach deshalb, weil sie Kinder sind.

Wir haben uns längst daran gewöhnt, Kindern diese besonderen Rechte einzuräumen. Wir haben uns daran gewöhnt, ihnen einen gewissen Grad an Egoismus, Irrationalität, Geltungssucht und Egozentrik einfach als kindlich einzuräumen. Das ist auch gut so. Es gibt aber gar keinen Grund, warum wir nicht mit demselben Recht auch dem Vater seine eigenen Rechte einräumen sollten. Er muß sie sich, sage ich, genauso vorbehaltlos nehmen – und dieses »Nehmen« auch für sich akzeptieren –, wie ein Kind es auch tut.

Von da aus stellt sich eine natürliche Ungleichheit her. Sie wird aber von Kindern wie selbstverständlich akzeptiert. Ein Kind will einen Vater, der auf seine Rechten besteht und sie sich nimmt – und nicht ausdiskutiert! Ein Kind will egoistisch und unvernünftig sein, selbst dann noch, wenn es alt genug ist, das Egoistische und Unvernünftige seines Handelns einzusehen. Ein Kind will kindlich sein. Und es will, daß sein Vater väterlich ist. Letztlich ist das alles ziemlich einfach!

Der Vater muß sich bei all dem bewußt sein, daß er nicht eine höhere Instanz, keine Vernunft an sich, keine Werte an sich oder dergleichen vertritt. Er vertritt nur sich selbst. Er soll und muß dies mit aller Kraft und dem Bewußtsein seiner Legitimation tun. Er soll und muß sich gleichzeitig bewußt sein, daß seine Ideale, seine Vorstellungen für seine Söhne voraussichtlich nicht verbindlich sein werden. So ergibt sich zwischen Kindern und Vätern ein differenziertes Spannungsfeld, in dem Verhaltensmodelle ausgehandelt werden – allerdings in einer unmittelbareren, körperlicheren, emotionaleren Art und Weise als in Gordons Familienkonferenz.

Vater Das heißt ...!

Autor Er steht schon an ziemlich exponierter und ungesicherter Position, der moderne Vater. Was braucht er also, um dort zu bestehen? Ich denke: Gelassenheit. »Pingeligkeit« hingegen kann er sich nicht leisten. Sie wirkt angesichts der großen emotionalen und geistigen Reichweiten der modernen Medien nur lächerlich. Konsequenz um der Konsequenz willen – die sich viele Eltern zur Zeit einreden lassen – macht ihn unglaubwürdig.

Ein gelassener Vater ist für ein Kind ein Glücksfall, übrigens für einen Kindertherapeuten auch. Ich behaupte, daß man nach einem Gespräch mit einem Vater schon ziemlich genau sagen kann, ob man seinem Sohn oder seiner Tochter helfen kann oder nicht. So wichtig ist das! Gelassenheit, das heißt: Ein Mann nimmt die Unübersichtlichkeit der Dinge in Kauf, geht damit relativ souverän um, ist sich der Vorläufigkeit all seiner Bewertungen bewußt und weiß trotzdem, was er will und kann – und was er für seine Kinder bedeutet.

Gelassenheit, das ist Lenkung der Kinder unter den Bedingungen moderner Unübersichtlichkeit. Kinder fühlen sich dabei intuitiv geborgen, aber nicht eingeengt. Ich sage, dies ist das Wichtigste.

Großzügigkeit ist das Zweite. Sie hat, psychologisch gesprochen, viel mit einem unverkrampften erwachsenen Narzißmus zu tun. Väter sollen und dürfen sich an ihrer Großzügigkeit gegenüber ihren Kindern freuen. Ist sie Ausdruck innerer Souveränität – das ist wirkliche Großzügigkeit immer –, dann hat sie eben einen Zug ins Weite, ins Unabgeschlossene, für das unsere Kinder so empfänglich sind. Dann kommt auch kein Kind auf die Idee, hinter freundlicher Großmut Schwäche zu vermuten. (Und das ist schon wichtig: Kinder nehmen ihren Vätern Schwäche übel!)

Doch besonders wichtig ist eins: Großzügigkeit hat nichts zu tun mit Inkonsequenz und Konsequenz nichts mit einem steifen Beharren auf dem, was man einmal gesagt hat. Wer A sagt, muß nicht B sagen. Er kann auch erkennen, daß A falsch war. Das gilt für Eltern insgesamt, für Väter ganz besonders. Dagegen ist Konsequenz gepaart mit Gelassenheit und einfühlsamer Großzügigkeit eine Verhaltensweise, die Kinder zutiefst respektieren, *immer* respektieren, meiner Erfahrung nach. Unter allen, auch für sie schwierigen Umständen, auch bei Konflikten. Denn natürlich kann Konsequenz und Gelassenheit gelegentlich – *sehr* gelegentlich, aber dann bitte wiederum uneingeschüchtert – auch einmal zur Strenge gegenüber einem Kind führen. Darüber wird noch ausführlicher zu reden sein.

Und auch hier gilt nach meiner Erfahrung: Die allermeisten Kinder wissen Strenge zu respektieren. Nicht respektieren werden sie Väter, die sich bei jeder Erziehungsmaßnahme ängstlich umschauen, ob sie nicht das Mißfallen der Nachbarn oder ihres Schwagers auf sich gezogen haben. Schon gar nicht respektieren werden sie Väter, die die Wut und die – vorübergehende – Ablehnung ihres Sohnes oder ihrer Tochter nicht aushalten.

Vater Da habe ich mir ja eine Menge vorzunehmen.

Autor So schlimm ist es nicht. Aber eines scheint mir deutlich: Angesichts der ungesicherten Weitläufigkeiten der Medienwelten sind eingeschüchterte Eltern, erst recht eingeschüchterte Väter, für einen Heranwachsenden eine Zumutung. Alles ist besser als das. Alles ist besser als das Besorgt-verklemmte: War ich demokratisch genug? Bin ich meinem Kind wirklich gerecht geworden?

Die Antwort lautet: Nein, höchstwahrscheinlich nicht! Kein Vater und keine Mutter wird einem Kind je gerecht. Je gelassener und großzügiger, autoritärer und auf unverzagte Weise selbstkritischer Eltern, zumal Väter, sind, desto besser.

Vater War's das?

Autor Eines noch: Viele der neuen Väter scheuen im Guten und im Bösen den Körperkontakt mit ihren Kindern. Das hat wohl mit dem alten Körperverbot zu tun, das auf unserer Kultur lastet. Sie sollten sich das abgewöhnen.

Vater Ich habe schon verstanden. Trotzdem frage ich mich, ob Sie nicht einer neuen erzieherischen Rücksichtslosigkeit das Wort reden.

Autor Rücksichtslosigkeit der Väter lag in früheren Generationen, wie wir gesehen haben, ja darin begründet, daß sie sich von einer höheren Instanz, von der gesellschaftlichen Norm oder den moralischen Werten in ihrem Erziehungsverhalten legitimiert glaubten und dann auch mal kräftig auf den Tisch hauten. Das Hauen hat dem Tisch nicht geschadet, dem Kind auch nicht, aber das verschämte Schielen auf die übergeordnete Autorität, die solches Verhalten erst legitimiert, das schadete (und schadet) sehr. Das erzieht Feiglinge.

Der moderne Vater, wie ich ihn mir vorstelle, erhebt diesen anonymen normativen Anspruch nicht. Er muß alles vor sich selbst und durch sich selbst vertreten. Aber vertreten muß er es! Sein muß er es! Die meisten Kinder haben heute nicht unter einem Übermaß an Autorität zu leiden, sondern an einem *Mangel an Sein*, bei ihren Eltern und Lehrern.

Ein Zusammensein in diesem einzigartigen modellhaften Spannungsfeld Familie, in dem ein Kind ein Kind ist, der Vater ein Vater und die Mutter eine Mutter, erzeugt ein Lernen, das sich in keinem Cyberspace repräsentativ auffinden läßt. Die Autorität des Vaters ist in Wahrheit, so betrachtet, nicht eine eindimensionale. Sie setzt sich durch, aber weder um jeden Preis noch ohne Reibungsverluste. Jede Reibung erzeugt Differenzierung, Zwischenräume von Erfahrung. In ihnen lernt ein Kind: am Beispiel und an der Gegenwart des Vaters. Dies ist die ihm heute mögliche Vorbildwirkung – eben ganz anders als der unglückliche Versuch, ein Vorbild wie in alten Zeiten zu sein.

8. Kapitel

Kein Mensch ist nur das, was er im Augenblick ist. Er ist immer mehr und ganz anders. Für Kinder gilt das in ganz besonderem Maße; sie haben die ganze Zukunft vor sich, ihre Identität ist nicht nur auf den Lebensmoment, sondern in gleichem Maße auf ihre Lebensperspektive bezogen. Dies ist es, was Kinder uns voraushaben – und immer schon voraus hatten: Sie leben einerseits intensiver im Augenblick, als es die planend-ruhelosen Erwachsenen vermögen, und sie sind zugleich auf eine natürliche Weise mit der Zukunft verwoben.

Während *wir* wesentlich in der Vergangenheit leben und aus ihr unsere Gefühle und unsere Vernunft speisen, leben die Kinder in einer zukunftsoffenen Gegenwart. In einer innig erlebten Gegenwärtigkeit, wie sie Dichter beschrieben haben, die durchlässig ist für das, was noch sein wird. Deshalb spielen für Kinder Idole und Ideale, gewissermaßen die Folien für ihre eigenen Größenbilder und Selbstbilder, eine so zentrale Rolle. Diese Größenbilder oder, wie die Psychoanalyse sagt, die »Ich-Ideale«, sind mächtige seelische Potenzen. Ohne ihre heilende Wirkung würden die vielen heillosen Krisen und Verwirrungen der Kindheit und der Pubertät kaum bewältigt werden. In jeder Krise macht sich bei einem gesunden Kind das kindliche Größen-Selbst, das »Ich-Ideal«, auf besondere Weise bemerkbar. Es ist trotz aller heftigen Niederlagen, Demütigungen oder Krankheiten, die ein Kind erleidet, immer gleichzeitig ein Schein von Hoffnung, der aus der Zukunft in die triste Gegenwart hineinschimmert. Ein Schutzengel der Seele – im erwachsenen Alter wird er schwächer und schwindet schließlich ganz.

Dieses Ich-Ideal scheint für ein Kind zur Natur seines Selbst zu gehören. Noch wo es sich ganz klein fühlt, ist es gleichzeitig auf geheimnisvolle Weise schon groß, wo es schwach ist, auch stark. Wenn es sich ganz elend und mies fühlt, ist es gleichzeitig auch mutig und siegesgewiß; wenn es sich nach der zweiten mißratenen Klassenarbeit ganz dumm fühlt, ist es gleichzeitig in einer geheimen Kammer seines Herzens auch brillant und strahlend.

Wir haben allen Grund, mit dieser seelischen Kraft unserer

Kinder sorgsam umzugehen. Sie ist ein elementarer Bestandteil der kindlichen Entwicklung. Wir haben zwar in unserer Pädagogik und Psychologie kaum gelernt, dem kindlichen Größenselbst und seinen Zukunftsträumen einen wirklich bedeutenden Platz einzuräumen, wir haben für diese schöne unbewußte seelische Kraft aber immerhin ein vernünftiges und pädagogisch korrektes Abbild, eine realitätsangemessene Variante erfunden: wir nennen sie das »Vorbild«.

Nun ist das »Vorbild« nichts anderes als der erwachsene Versuch, die überschießenden unrealistischen Idole und Ideale der Kindheit auf ein vernünftiges Maß zurechtzustutzen. So wenig in unserer pädagogischen Literatur von überschäumenden Kinder-Idealen die Rede ist, so sehr wird wenigstens die Notwendigkeit von Vorbildern eingeräumt. Vorbilder die auf eine moderate und angemessene Art und Weise die idealisierenden Ich-Bilder der Kinder in angepaßte Bahnen lenken.

Die Bedeutung von Vorbildern

Nun ist der pädagogische Versuch, die Ich-Ideale der Kinder auf ein vernünftiges Maß zu begrenzen, keineswegs nur Ausdruck der Phantasielosigkeit von uns Erwachsenen. Vorbilder können, wenn sie sich zu weit von der Lebenswirklichkeit eines Kindes entfernen, in die Irre führen. Die seelische Kraft der idealen Selbstbilder ist ja deshalb so stark, weil sie noch ganz nah an den frühkindlichen Allmachtsphantasien sind. Das Kleinkind wähnt sich allmächtig. Seine Bedürfnisse lenken die ganze Welt, alles drehte sich in den ersten Monaten um »Seine Majestät, das Baby«, um es mit Freud zu sagen.

Mir hat einmal ein Fünfjähriger in einer langen lustigen Erzählung dargestellt, wie er als Zweijähriger seine gesamte Umgebung terrorisierte. Der Grund seines Terrors waren natürlich weder böser Wille noch Aggressivität, sondern einfach seine durch nichts beirrte kleinkindliche Allmachtsphantasie. Was ihm durch den kleinen Kopf fuhr, das wollte er sofort von Papa oder Mama oder Spielgefährten erfüllt haben. Darauf bestand er! Man kann sich gut vorstellen, daß all die kleinen Episoden, die aus dem plappernden Mund eines Fünfjährigen sehr komisch wirkten, in Wahrheit eine ziemliche Zumutung für die gesamte Familie gewesen sein müssen.

Der Kleine hatte das inzwischen begriffen. Am Ende seiner Erzählung lehnte er sich zurück und seufzte: »Ich dachte eben, ich bin von allen der Chef.«

Genau das ist es! Das Größenselbst des neun- oder zwölfjährigen Kindes ist nichts anderes als die lebendige und tief verinnerlichte Erinnerung daran, wie es war, als man sich als Chef der Familie empfand. Heute will man es wieder sein. Ein Neun- oder Zwölfjähriger erkennt natürlich, daß er in seiner täglichen Wirklichkeit keineswegs Chef ist. Aber seine Träume sind noch angefüllt von den Omnipotenzphantasien der frühen Kindheit, seine Phantasietätigkeit ist noch rege und zugleich liegt die Zukunft, wie wir eben sagten, ganz offen vor ihm. Wen wundert es also, daß für Neun- oder Zwölfjährige die Zukunft voller verheißender Selbstbilder liegt. Sie können ein Kind stabilisieren und kräftigen auf dem Weg in ein befriedigendes gesellschaftliches Leben. Sie können das kleine Ich aber ebensogut im Zustand einer fiktiven kindlichen Allmacht, eines »alles oder nichts« verharren lassen. Dann wendet sich ihre Kraft oft genug vom menschlichen Miteinander ab, das ja gemessen an Omnipotenzphantasien prinzipiell unzureichend erscheint. Aber wohin fließt das Übermaß an infantilen Energien? Es kehrt ins Ich zurück, freilich mit maßlosen Ansprüchen. Dann will dieses Ich immer mehr sein, als es sein kann. Es wird frustriert. Und da es von anderen Menschen ohnehin nichts Befriedigendes erwartet, neigt es zur Rücksichtslosigkeit. So entsteht ein Charakterbild, das wir an vielen Kindern heute wahrnehmen können.

Die Macht der phantastischen Idole

Die pädagogische Hochachtung des »Vor-Bildes« ist also durchaus gerechtfertigt. Wir sollten uns nur zugleich darüber im Klaren sein, daß das »Vorbild« nicht Ausdruck des ursprünglichen kindlichen Bedürfnisses ist. »Vorbild«, das ist nur die angepaßte, vernunftgelenkte, zurechtgestutzte Variante des Größenselbst.

Aber wichtig sind sie trotzdem, die Vorbilder. Sie sind eine tiefe seelische Verbindung zwischen den kindlichen Phantasien und Wünschen und dem bescheidenen Ausdruck, den diese im Kontakt mit der Realität angenommen haben.

Um solche Realitätsangemessenheit zu erreichen, benötigen Kinder die Identifizierung mit Eltern, Lehrern oder anderen Erwachsenen. Sie sind eigentlich unermüdlich auf der Suche nach erwachsenen Personen, die in ausreichendem Maße ihren inneren »Idealen« entsprechen, sich aber zugleich als lebensfähig erwiesen haben. So zumindest *war* es. Ein Zehn- oder Elfjähriger, der ein verlockendes *und* realistisches Vorbild vor Augen hatte und es in einer ihm vertrauten Person verkörpert sah, war damit gegen eine ganze Kette von Krisen und Desorientierungen in den kindlich-jugendlichen Entwicklungsphasen geschützt.

Daraus ergibt sich nun, daß dort, wo die realitätsbindende Kraft der Vorbilder schwindet, zugleich die der phantastischen Idole wächst. Das ist eine besondere, eine zentrales Gefahr für die kindliche Entwicklung heute.

Sie hängt mit dem medial geprägten Charakter der kindlichen Wünsche eng zusammen. Denn die in den Bildmedien angebotenen Ich-Ideale, die dort präsentierten Größenbilder sind längst keine »Vor-bilder« im eben skizzierten Sinn mehr, sie suggerieren in fast allen Fällen einen Omnipotenz-Traum und -wahn. Dieser hybride Traum – er ist im Kino, im Werbebild, in den Shows und den Computerspielen ganz präsent, ungeheuer attraktiv, ganz nah und doch ganz unerreichbar. Eben dies prägt Kindheit heute zutiefst.

Mir sind diese seelischen Vorgänge vor etwa zwanzig Jahren im Rahmen einer Lerntherapie mit einem damals achtjährigen Jungen zum ersten Mal aufgefallen. Damals habe ich gesehen, wie sehr die Ich-Ideale und die dazugehörige Phantasie der Kinder sich unter den Einwirkungen der modernen Medien von jeder Wirklichkeit entfernen. Ich habe mir in dem nachfolgenden Text darüber Rechenschaft abzulegen versucht.

Diese Beobachtungen haben sich im weiteren Verlauf bis heute bestätigt, ja, um ein Vielfaches verstärkt. Ging es in meiner damaligen Betrachtung noch darum, daß ein Kind sich in Teilen seiner Größen-Phantasien von der Realität abwendet und damit bestimmte Risiken eingeht, so hat sich die Entwicklung der Medienfiguren mittlerweile immer mehr ins Fiktive, Omnipotente und Realitätsferne gesteigert. Das

Phantastische gewinnt an Plastizität und Gegenwärtigkeit in der Medienwelt, und die Bindungen an das Reale werden schwächer.

TV-Serien und Größen-Phantasien und die Nähe zur Gewalt

Wenn Robert in seiner Phantasie Pferde springen läßt, dann ist er selber ein wenig wie ein Pferd, stolz, unbezähmbar – ihn fängt keiner ein. Da mag die Wirklichkeit sein, wie sie will. Ihn zwingt sie nicht in die Knie.

Manchmal träumt Robert von Pferden. Das sind wahnsinnige Träume. Wenn er mir davon erzählt, sind seine Augen die eines kleinen Jungen, der immer noch staunen kann. Es ist schön, ihn dabei anzusehen.

Irgendwo hatte Robert Fotografien von Wildpferden in der Provence oder sonstwo gesehen, und daran hatte sich seine Phantasie entzündet. Während wir nebeneinander hockten und über Schulprobleme, Ängste und seine immer gleiche, unkindliche Trägheit sprachen, über den Schulstoff vom Vormittag, den er nicht begriffen hatte, wieder einmal nicht – da fielen ihm diese Fotos ein: die Pferde, wie sie durch das Wildwasser preschten, wie sie sich aufbäumten im Sprung.

Sie hatten viel mit Robert zu tun, so fern sie ihm auch zu sein schienen. Diese unbändigen Tiere, sie waren ein phantastisches Gegenbild zu einer Wirklichkeit, die ihn bedrückte und beengte. Seine Wildpferde preschten da mitten hindurch. Wenn er an sie dachte, wurde sein Gesicht froh und seine Augen hell. Und ich habe mir viel Mühe gegeben, seine Phantasiepferde in unserem Reden und Spielen und Lernen unterzubringen.

Aber dann änderte Robert seine Geschichten. Er sprach immer häufiger von den »Ninjas«, von »Airwolf« und anderen TV-Serien, die offenbar immer noch stundenlang über die Privatsender abgespult werden. Auch das waren Bilder von Gewalt und Befreiung, Gefahren, Ängsten und wie man ihnen standhielt, wie man sie niederzwang, auch das waren Phantasiebilder, die auf Roberts innere Not antworteten – und trotzdem, ich hatte von Anfang an das Gefühl, daß diese Bilder und diese Phantasien ihm nicht helfen, ihn nicht einmal trösten konnten. Sie gaben ihm keine Orientierung und keinen Halt.

Ich habe versucht, mir darüber klar zu werden, warum das so ist. Was ist denn der Unterschied zwischen jenen Wildpferden, die durch Roberts beengte Wirklichkeit jagten, eine eigene Unbändigkeit und Freiheit verkörperten, und diesen Serienhelden, die das alles nicht vermochten – die stumm und blaß blieben aus irgendeinem Grund, der mir nicht deutlich werden wollte.

Und dann erinnerte ich mich an die Leseabenteuer meiner Kindheit, an Lederstrumpf und Robinson Crusoe. Was, fragte ich mich, hat uns damals so bewegt und verführt, daß wir über diese Buchseiten gebeugt saßen, stundenlang, daß wir uns in diese Geschichten und ihre Welten verloren und am Mississippi oder auf einer einsamen Insel alten Abenteuern nachspürten. Jeder Augenblick des Lesens war kostbar. Aus jeder Zeile sprangen Bilder, Szenen, Worte, Stimmen. Sie führten uns heraus aus unserer Alltagswirklichkeit und blieben doch immer lebendig und Gegenwart; sie waren so real, wie nur Kinderträume sein können.

Und nun noch einmal gefragt: Warum also haben die TV-Serien mit ihren Szenerien, ihren Helden und Abenteuern nicht dieselbe Kraft und die innere Spannung, wie sie die Helden unserer Leseabenteuer offensichtlich hatten? Der Unterschied – wie ist er zu fassen, zu begreifen?

Eine erste Antwort scheint einfach: Der Druck auf den TV-Knopf ist mühelos und schnell. Keine Vorbereitung, keine Konzentration, kaum ein Entschluß. Die Bilder sind immer schon da. Dann haben die Ninjas und Airwolfs, wenn sie über den Bildschirm laufen, eine enorme Geschwindigkeit und sind dabei sehr laut, die Trickserien sonntags vormittags auf den großen Sendern genauso. Sie dröhnen und plärren, schreien durcheinander – Robert hat Mühe, der Geschwindigkeit und dem Durcheinander der Bilder zu folgen. Bevor es ihm gelingt, sich mit *seinen* kindlichen Verletzungen, *seinen* knabenhaften Rachephantasien in diese Bilder einzumischen, sind sie schon wieder weiter. Bevor er sie mit *seiner* Wirklichkeit verknüpfen kann, sind sie schon von anderen abgelöst, schon verlorengegangen in dem besonderen Raum des Fernsehens – durch andere Bilder ersetzt, die den vorausgegangenen aufs Haar ähneln. Daß Robert sie in ihrer raschen Folge kaum als einzelne Bilder und Szenen mit jeweils besonderer Bedeutung identifizieren kann, macht sie ununterscheidbar.

Robert sagt: »Die Ninjas können alles«. Das imponiert ihm. Sie fliegen in dreifachem Salto und überwinden die Begrenztheit des Körpers. Sie fechten mit einer vielköpfigen Meute von Feinden und haben sie schon besiegt – auf einmal liegen sie da, zehn oder zwanzig von ihnen, es kommt nicht darauf an, zehn oder zwanzig auf einen Streich, es ist beinahe lächerlich. Sie sind überwunden und besiegt, bevor Robert in seiner Phantasie dazu gekommen war, die Gefährlichkeit solch einer

Meute zu realisieren, Angst zu empfinden und Angst zu überwinden. Robert befindet sich beim Zusehen auf einer Gefühlsebene, auf der alles abgemildert und geglättet ist.

Ich habe nun versucht, mit *beiden* Phantasien, die für Robert zu jenem Zeitpunkt wichtig waren, zu arbeiten – also mit den springenden Wildpferden ebenso wie mit den Ninjas. Robert und ich – wir haben die Pferde in einem schmalen Kanu den Mississippi hinauffahren lassen, diesen gewaltigen Strom, auf dem tausend Gefahren lauern. Man kann sie nur bewältigen oder ihnen entgehen, wenn man sie erkannt hat. Und Robert begriff sehr schnell, daß eine Gefahr, für die man ein Wort, eine Bezeichnung gefunden hat, beinahe schon bezwungen ist. Außerdem sind Pferde, die wiehernd und schwitzend und fluchend einen Strom hinaufrudern, natürlich auch sehr komisch. Unsere Konzentration kippte immer wieder vom Abenteuer ins Gelächter und wieder zurück, unsere Phantasien waren vielfältig und beweglich.

Solche Stunden halfen Robert, weil er in ihnen etwas von sich ausdrücken konnte und weil er zu lernen begann, daß jede Angst, die man ausdrücken, aussprechen oder in Phantasien agieren kann, schon entwertet ist, schon überwindbar erscheint. Ausdruck und Ausdrucksfähigkeit wurden allmählich, ganz langsam, Teile seines Selbst. Die springenden Pferde halfen ihm dabei ...

Die Ninjas und die anderen Figuren aus den TV-Serien dagegen halfen ihm überhaupt nicht. Es war schon verblüffend: sie vermochten nichts. Sie konnten nicht vom Gefährlichen ins Komische kippen und wieder zurück. Sie konnten nicht von irgendeiner Filmkulisse irgendeines tibetanischen Hochlandes hinüberwechseln in unsere konkrete Wirklichkeit. Sie waren wie gebannt in ihrem eigenen Gelände. Ihr Glanz verblaßte, wenn sie es verließen. Robert war ganz unfähig, sie aus den rituellen Abläufen, die er auf dem Bildschirm verfolgt hatte, zu lösen. In *seiner* Wirklichkeit – da waren sie auf einmal gesichtslos, sie beeindruckten nicht mehr.

Phantasie, die ein Kind belebt und befreit, ist so, daß sie ins Wirkliche hineingleitet und es in andere Bereiche überführt, in phantastische Bereiche, die zerfließen und sich neu formen: Aus diesem komplexen Wechselspiel entsteht in einem Kind das »Größen-Selbst«, das aus seinem Unbewußten und Teilen der Wirklichkeit gespeist wird und beide miteinander versöhnt. Die (Ich-)Idealbilder, die im Inneren aufgerichtet werden, sind ganz konkret und wirklich und bleiben doch in einer lustvollen und anstrengenden Differenz zum Realen.

Phantasiebilder stützen und betreiben dieses Wechselspiel. Sie springen – wie Roberts Wildpferde – zwischen dem Wirklichen und dem Phantastischen hin und her, sie sind Wirklichkeit und sind Traumbild und vermischen in ihrer magischen Existenz beide Bereiche.

Und Roberts Serienhelden? Was können die?

Robert sagt: »Die Ninjas springen hoch und drehen sich dreimal durch die Luft und springen aus dem Fenster. Sie stürzen hundert Meter hinunter und sind nicht tot.« Dann schaut er sich hilflos um. Die Ninjas waren ihm eingefallen, weil wir über eine Lernübung gesprochen hatten, die besonders schwierig gewesen war. »Und was können sie noch, deine Ninjas?« frage ich. Robert schweigt. »Können die Ninjas lachen?« frage ich. Robert nickt. Natürlich können die Ninjas lachen, es sind doch Menschen. Aber vorstellen kann er es sich nicht. »Können die Ninjas auch mal weinen?« frage ich weiter. Robert nickt wieder. Aber sein Gesicht bleibt leer, sogar ein wenig verstört. Das Gespräch mit mir wird ihm nun auch langweilig. Er sagt: »Die Ninjas springen hoch und drehen sich dreimal durch die Luft. Ich kann das auch.« Ich: »Das hast du eben schon gesagt.« Robert zuckt die Achseln. Er will von den Ninjas reden, weil sie stark sind und weil er sich so hilflos fühlt. Aber es gibt nichts über sie zu sagen! »Was machen sie noch, die Ninjas?« frage ich. »Sie springen aus dem Fenster, hundert Meter hoch, und sind nicht tot«, sagt Robert.

Wenn die Phantasie vom Realen nichts wissen darf, dann wird die gesamte Realität für die Seele eines Kindes bedrohlich. Wenn das Größen-Selbst, das ein Kind braucht, mit der Wirklichkeit nicht mehr versöhnt werden kann, dann tut ein Kind scheinbar gut daran, die Wirklichkeit abzulehnen. Sein Größen-Selbst wird unversöhnlich.

Roberts Größen-Selbst sagt ihm, daß das Wirkliche aufhören soll. Das Verhältnis, das Robert zur Wirklichkeit kennenlernt, ist ein gewalttätiges. Er wird später daraus seine Konsequenzen ziehen.

Die Ninjas, die »Knightriders« und all die anderen – sie sind reduziert auf den dramaturgischen Effekt, der, immer gleich, die Serien am Leben erhält. Diese Effekte können sich beliebig lösen von aller Wahrscheinlichkeit und aller Gesetzmäßigkeit. Ein Effekt ist kurz, hart, grell. Er blendet. Er macht erschrocken. Er ist der Widerpart aller Ordnung, auch der Widerpart der Ordnung einer kindlichen Psyche.

Und daher kommt es, daß das zuschauende Kind auf eine paradoxe Art äußerst gespannt ist und zugleich leer bleibt. Sein Gefühl läuft ins Leere, weil es das Angeschaute, in das es sich ja ohnehin nicht einmischen darf, nicht einmal hinterher in seinem Kopf reproduzieren, mit seiner inneren und äußeren Wirklichkeit vermischen und spielerisch bearbeiten kann. Die grelle Dramaturgie der Effekte erzeugt im kindlichen Ich kein Echo.

Das Angeschaute gerät in einen selbstbezogenen Taumel der Raserei, in den es das kindliche Ich hineinzieht. Und erst wenn der kleine Zuschauer ganz überwältigt und überrumpelt ist, funktioniert der Effekt vorbehaltlos. Er gelingt nur unter Ausschaltung des kindlichen Ich. Er erzeugt Schocks, die pures Erschrecken auslösen und alle Elemente von Vernunft, Ordnung und Identifikation übertönen. Die meisten Serien, man muß nur hinsehen, sind auf die Umgehung des mitfühlenden, miterlebenden Ich eingestellt. Darum sind sie endlos wiederholbar und immer wieder gleich.

Es ist ganz offensichtlich, daß damit im Kind alle Kräfte der Individualität, alle Fähigkeiten des Verstehens, Mitfühlens und Versöhnens fortgeschoben werden, und genau das führt dazu, daß sich die Kinder so oft vom Bildschirm entfernen mit einem trostlosen Ausdruck im Gesicht; sie wirken unruhig und wie gelähmt, lustlos und unbefriedigt, als hätten sie nicht soeben einer spannenden Geschichte zugeschaut – und das haben sie ja eigentlich auch nicht. Und sie spüren hinterher die Leere und verlangen nach mehr. Immer mehr. Immer das gleiche. Und immer mit derselben Enttäuschung am Schluß.

Traum-Medien

Das ist ziemlich lange her. In den letzten fünfzehn Jahren ist zudem eine gewaltige Entwicklung eingetreten. Die Computer und digitalen Bildmaschinen haben eine Medienwirklichkeit geschaffen, die sehr viel dichter und präsenter ist als die Fernsehbilder und TV-Serien der Jahre davor. Die Entwicklung, die sich mit Robert ankündigte, hat inzwischen eine ungeahnte Dimension angenommen. Damit war zu dem Zeitpunkt, als ich meine Betrachtungen über den Achtjährigen aufschrieb, noch gar nicht zu rechnen.

Ein kluger Mann hat einmal gesagt, daß wir Menschen gar nicht so sehr gut denken, aber träumen können! Wir sind begabt zur Phantasie wie kein anderes Wesen. Weniger unsere Intelligenz als unsere Nähe zum Phantastischen zeichnet uns aus.

Wir träumen nicht nur nachts, sondern auch tagsüber. Aber die taghellen Träume haben, anders als die nächtlichdunklen, die Chance, mit Vernunft und Wissen gebannt zu werden. Dann sind wir wieder Herr unserer verträumten Sinne, indem wir aus dem Phantastischen etwa eine spannende Lesegeschichte formen, aus wirren Bildern Kunstwerke. Das Phantastische ist der Fundus, Vernunft und Wissen müssen es formen und gestalten.

Lange Zeit galt freilich in der Erziehung und auch in der Berufswelt diese Befähigung zu Traum und Vision wenig. Schon das kleine Kind wurde in seinen Träumereien zurechtgewiesen. Realitätstüchtigkeit, wie das unschöne Wort hieß, hatte (und hat) bei Eltern und professionellen Erziehern einen hohen Rang, Phantasiefähigkeit, Traumbegabung hingegen galten (und gelten) wenig.

Es ist gut möglich, daß diese Haltung inzwischen allgemein als unsinnig erkannt wird. Die Entwicklung der digitalen Medien, die eine innige Verbindung mit dem Phantastischen eingehen, hat zu dieser Revision sicher beigetragen. Deren Potenz, fiktive, eindrückliche, phantastische Bilder und Bildwelten zu entwerfen, in die Kinder, Jugendliche, junge Erwachsene entführt werden um dabei wilde, uneingeschüchterte Träume zu leben, ist einfach zu mächtig und zu präsent. Das Beharren auf dem Realitätsprinzip wirkt im Vergleich dazu zunehmend bieder und rückständig.

Das Digital-Phantastische ist überall, auch in unserer Alltagswelt. Aus dem Audiorecorder klingen digital erzeugte Techno-Geräusche, im Computer springen wir rund um den Globus – kurz, zwischen unserem armen Kopf, der all die vielen Eindrücke integrieren soll und den vielen, auf ihn einströmenden Mediensignalen besteht eine ungewisse Unverhältnismäßigkeit. Noch wenn wir die Augen schließen, haben wir ebenso viele Fernsehgesichter und Kinobilder vor Augen wie Dinge und Menschen aus unserer unmittelbaren Alltagswelt.

Medien und primäre Phantasien

In diesen Medienwelten nun ist, wie wir gesehen haben, unser Größen-Selbst zu Hause. In diesen gleitenden, unbeständigen Erlebnissphären können wir unser Größen-Ich, unsere überlebensgroßen Selbstvorstellungen nach Belieben ausleben, als Westernheld alten Stils, als kämpfender Roboter, dem keiner etwas anhaben kann, als erfolgreicher Banker und dergleichen mehr. Man kann sagen, daß unsere narzißtischen Traumbilder immer unrealistischer geworden sind, zugleich haben sie eine sinnliche Präsenz wie nie zuvor in der Menschheitsgeschichte. Die freilich ist eine mediengebundene, medienabhängige.

Die Kino- und Comic-Helden waren schon immer die Vorlagen für das kindliche Größen-Ich, aber sie waren früher nur Ausschnittswirklichkeiten, die in die beständige Alltagswirklichkeit *zeitweise* hineinwirkten. Heute sind, wie ich skizziert habe, die Medienbilder überall, teilweise ersetzen sie die »erste« Wirklichkeit und lassen sogar die Unterscheidung, was Wirklichkeit und was Medium ist, ungenau werden.

Um so wichtiger und seelisch bedeutsamer werden auf diese Weise die Größenbilder, um so unabhängiger von der Alltagswirklichkeit werden sie. Oder anders gesagt: Die Alltagswirklichkeit wirkt nicht mehr korrigierend auf die Größenbilder ein. Diese kehren, von keinem Realitätsprinzip eingegrenzt und beengt, zu ihrem phantastischen Ursprung, den Anfängen des seelischen Lebens, den ersten Lebensmonaten und -jahren zurück.

Der Cyborg – ein Vorbild

Es gibt in der Masse der Medienbilder aus den letzten zwanzig Jahren das eine oder andere, das prägend geworden ist. Zweifellos waren und sind die Ninja-Kämpfer prägend. Auf jedem Pausenhof kann man kleine Jungen beobachten, die Arme vorgereckt, mit gestreckten Beinen, die sich imaginäre Feinde vom Leib zu halten versuchen. Dieses Bild scheint sich geradezu unauslöschlich in die Kinderkultur oder zumindest die Kleine-Jungen-Kultur eingeprägt zu haben.

Ein zweites Bild von ähnlicher Reichweite ist das des »Terminators«, ein Hollywood-Film mit Kultstatus, in der die Figur des »Cyborg« zentral ist. Erstmals erscheint ein denkender, aber gefühlsleerer Roboter, der mit übermenschlichen Kräften alles aus dem Weg räumt, was ihn an der Verfolgung seines Zieles hindert. Er ist mechanisch, kalt und glatt; er funktioniert und sonst nichts.

Damit erfüllt er gleich zwei Urelemente des kindlichen Narzißmus. Er ist omnipotent und schert sich kein Deut um die reale Welt. Was sich ihm als Objekt in den Weg stellt, das wird eliminiert. Dabei funktioniert er ohne Reibungsverluste, er ist auf seine Art perfekt. Perfektes Funktionieren und Omnipotenz bei gleichzeitiger Vernachlässigung von Wirklichkeit und sozialen Bezügen – das ist der Inbegriff des (männlichen?) Narzißmus.

Der Terminator weiß von anderen Menschen und seiner sozialen Mitwelt nichts. Er ist ganz in dem Mechanismus seiner Funktionen eingeschlossen. Der Terminator kennt keine Gefühle, nur Reflexe, keinen Körper, jedenfalls kein Körperempfinden, also auch keinen Schmerz, also kein Mitgefühl.

Er weiß nichts von seiner Begrenztheit, denn anders als ein Mensch braucht er seine Umwelt für sein Überleben nicht. Doch gerade unser Wissen, daß wir die anderen Menschen und die soziale Welt benötigen, um unser biologisches Überleben zu garantieren, macht die Labilität unseres Selbstbewußtseins aus. Wir wissen, daß wir als Körper verletzlich sind, wir wissen, daß andere Menschen uns anschauen und uns ihre Wahrnehmung aufzwingen, wir wissen, daß wir uns ihnen angleichen und ein Miteinander suchen müssen. Anders können wir nicht existieren. Ich-Gefühl und Körperbewußtsein brauchen immer das Wissen um den anderen Menschen und um die soziale Welt. Eine andere »Identität« gibt es in unserer abendländischen Kultur nicht.

Genau dieses »Andere« verkörpert der Cyborg. Es ist kein Zufall, daß gerade dieses Gegenbild eine solche Verführung auf unsere Kinder und Jugendlichen ausübt. Der Terminator, so habe ich in meinem Buch *Ikarus 2000* geschrieben, ist »ein selbstisches Objekt ohne Selbstbewußtsein, eine Ego-Zentrik ohne Ich, ein Zerstörer ohne Kenntnis der Welt, die er vernichtet.« Es bestehe »kein Zweifel daran, daß eben dieser uralte männliche Traum die Grundlage für den weltweiten Erfolg von Terminator I und Terminator II gewesen ist. In ihm gingen Kraftpotenz und uneingeschüchterte Egomanie eine Verbindung ein.«

Ursprünglich sollte übrigens nicht der Cyborg, sondern sein menschlicher Gegenspieler der Held des ersten Terminator-Streifens werden. Es kam anders. Der Cyborg wirkte auf die jungen Kinobesucher so faszinierend, daß der »reale« Mensch mit seinem weichen, verletzbaren Körper daneben wie ein natürlicher Looser erschien und keinerlei Sympathie für sich verbuchen konnte. Er geriet in Vergessenheit. Zum Weltstar avancierte statt dessen der Terminator, dargestellt von Arnold Schwarzenegger. Sein in der Totalität der Regungslosigkeit erstarrtes Gesicht wurde zur Pop-Ikone. Dies war eine Kultfigur, in der alles Menschliche verblaßte. Und wir müssen nun darüber nachdenken, was es bedeutet, wenn solche Gestalten zum Inbegriff des Größen-Ich unserer Kinder geworden sind.

Keine Welt, nirgendwo

Der Cyborg kennt, wie gesagt, die soziale Welt nicht. Er ist ja zu keiner Selbstreflexion fähig. Keine Vernunft und keine Einsicht lenken ihn – nur das schrankenlose Niederreißen dessen, was sich ihm in den Weg stellt. *Alles*, was er vorfindet, scheint ihm im Weg zu sein. Für den Cyborg ist die Welt der wirklichen Dinge nur lästig, eigentlich ganz überflüssig. Wir verstehen nun, daß dies den Cyborg genauso wie Roberts Ninja-Krieger fundamental von den Vorbildern und Heroen früherer Jahre unterscheidet.

Ob Tom Prox oder Billy Jenkins, Gary Cooper oder John Wayne, sie alle waren nach dem Modell der Wirklichkeit gebildet. Natürlich waren sie idealisiert, perfektionierte Bilder, eben direkt aus der Traumfabrik entstanden, aber sie befanden sich mit ihren Grundorientierungen und Werten nicht im Widerspruch zur Alltagswelt. Sie lenkten den kindlichen Narzißmus des kleinen Jungen zurück auf die Werte, die er in seiner Realität, seinem Pausenhof, seiner Familie vorfand. Er konnte sich mit ihnen identifizieren. Er *durfte* sich mit ihnen identifizieren. Diese Identifikation entlastete seine kleine Seele von vielen inneren Konflikten, die in den Entwicklungsjahren bis hin zur Pubertät ausgestanden werden müssen.

Aggressiv sein, ohne die Skala der gültigen Werte zu verlassen – das war am Vorbild eines schießwütigen John Wayne zu lernen. Mutig zu sein und sich trotzdem dem Gesetz und dem Recht unterzuordnen, das lernten frühere Generationen am

Beispiel des Tom Prox, und später am sublimeren Beispiel eines Gary Cooper.

Meine These ist zusammengefaßt folgende: Die alten Heroen lenkten die narzißtischen Strebungen des Kindes auf das Wirkliche, der Cyborg hingegen ebenso wie die Ninjas und andere Vorbilder lenken sie nur auf ein immer perfekteres, immer vollkommeneres, realitätsfernes Ideal. Zwischen diesem Ideal und dem Ich gibt es keine Verbindung mehr. *Das Ich unterwirft sich.* Ohne Prüfung der realen Möglichkeiten will es sein, wie sein Ideal es ihm vorschreibt. Auf problematische Weise kann es sich entweder der Realität zuwenden – dann bleibt das Ideal-Ich leer und ungelebt, der kindliche Narzißmus unerfüllt –, oder es neigt sich dem Ideal im Cyberspace zu und büßt die Verfügung über die Realität ein.

Freud hatte die so selten zu erlangende Einheit von Ich und Ich-Ideal ein »Fest für die Seele« genannt. Dieses Fest können unsere Kinder heute nicht mehr feiern. Oder anders und wahrscheinlich genauer gesagt: Es ist so, daß sie dieses Fest sozusagen unaufhörlich feiern, wenn sie sich im Cyberspace bewegen. Es ist aber ein Fest ohne Ich. So wie wir eben vom Cyborg gesagt haben, daß er eine »selbstische« Existenz ohne Selbst ist, so könnte man von unseren Kindern sagen, daß sie in den digitalen Welten immer wieder in perfektionierte Wirklichkeitsräume geführt werden, in denen zwar die Selbstliebe hemmungslos ausgelebt wird, das Ich aber zurückbleibt.

Ein Vater wie der Cyborg

Am Schluß des Terminator II gibt es eine Szene, die sehr aussagekräftig ist. Ein kleiner neunjähriger Junge blickt den Cyborg sehnsuchtsvoll an, im Hintergrund sieht man eine brennende Brücke, ein verwüstetes Szenario, und dann sagt der Kleine verzaubert: »Einen Vater wie dich hätte ich haben sollen.« Die Mutter schaut aus dem Seitenfenster des demolierten Fahrzeuges, sie lächelt, sie ist einverstanden.

Martialische Männlichkeit und Rücksichtslosigkeit, dies als Bild einer neuen Väterlichkeit erscheint den Kindern von Bangkok bis Jerusalem, von New York bis Berlin überaus plausibel. Natürlich will der kleine Junge und der Jugendliche im

Kinosessel Cyborg sein. Kein anderes Bild ist so mächtig. Cyborg, der destruktiv und unverwundbar durch die Welt stapft, kein Mensch, ein Geistwesen. Für den Terminator II wurde das sogenannte Computer-Morphing entwickelt. Der Cyborg ist dort nicht mehr Körper, nicht Materie, sondern Geist, nicht Körper, sondern eine fließende, wunderbare Masse, die sich selber in immer neuen verwandelten Gestalten zeigen kann. Der Cyborg, wenn er denn verwundet worden ist, löst die Wundmale am eigenen Körper wieder auf, fließt zurück in die alte ganze Form: *heil*. Dies ist angesichts eines langweiligen Lebensalltags ein mächtiges, kräftiges, autoritäres Symbol, um das sich die Seelen unserer Kinder scharen.

Während einer langen dunklen Phase der Geschichte haben sich die Jungen mit ihren Vätern identifiziert, die sie aus dem umhegten Raum des Mütterlichen herausführten. Sie haben den Gehorsam und die Opferbereitschaft der Väter auf sich genommen (und schrien, verwundet auf den Schlachtfeldern, dann doch »Mama«). Mit dieser Geschichte räumt der Cyborg restlos auf.

Das ist das Versprechen, das diese digitalen Bilder im Kino und anderswo an die Jungen richten. Die Väter sind tot, wir benötigen sie nicht, nicht als Vorbild und nicht als Schutz. Als Vorbild brauchen wir sie nicht, weil ihre Tugenden uns nichts gelten. Und als Schutz gegen die – wie Rilke einmal sagte – »Rückkehr zu den Müttern« benötigen wir sie auch nicht. Denn mit den Mitteln der phantastischen Technologien entwerfen wir anders geartete »Wirklichkeiten«, die in die uneingrenzbaren harmonischen Erfahrungswelten der infantilen Allmacht zurückführen.

9. Kapitel

Vor dem Hintergrund all dieser Überlegungen wird nun auch deutlich, was die Idole und Ideale unserer Kinder auszeichnet, und warum sie allesamt eine besondere Eigenart zeigen: Sie haben einen »merkwürdig schwebenden Charakter von Identitätslosigkeit«. Sie sind nicht real. Sie haben keine Lebensgeschichte, keine Persönlichkeit, keinen Charakter, sie haben all das nicht, was wir zum Aufbau des emotionalen und seelischen Lebens für unverzichtbar halten.

Die multimedialen Identitätsfiguren vom Terminator bis Michael Jackson oder Lara Croft bestätigen die Kinder und Jugendlichen darin, daß der »alte Charakter«, die Persönlichkeit, das differenzierte emotionale Erleben, wie es in der Familie erworben wird, keinen besonderen Wert darstellt. Freilich dürfen wir nicht übersehen, daß bei den meisten Jugendlichen mit solchen Einstellungen – soweit sie überhaupt bewußt werden – eine tiefe und bittere Enttäuschung mitschwingt.

Streunend in den Großstädten

Pierre ist dreizehn Jahre alt. Untersuchungen eines Kinderpsychiaters ergaben eine leicht überdurchschnittliche Intelligenz, keine Lernstörungen, trotzdem ist Pierre seit einigen Monaten den schulischen Anforderungen nicht mehr gewachsen. Er reagierte auf das Absinken seiner Leistungen zunächst mit Ängstlichkeit, später mit Trotz, inzwischen will er von Schule und Unterricht nichts mehr wissen.

Die Eltern berichten, daß er sich gleich nach der Schule mit Freunden verabredet, manchmal gar nicht nach Hause kommt, sondern mit ihnen in der Stadt herumstreunt, in den Kaufhäusern, in der Fußgängerzone. Sie haben Angst, daß er in das Drogenmilieu rund um den Hauptbahnhof hineingezogen werden könnte. Die Angst ist unberechtigt, jedenfalls momentan noch! Zum Abendessen kommt Pierre heim, will danach aber gleich wieder raus zu seinen Freunden – wenn er nicht verabredet ist, lungert er gelangweilt vor dem Fernseher.

Auf Vorhaltungen der Eltern, daß er Hausaufgaben zu erledigen habe, reagiert Pierre mürrisch, abwehrend, manchmal aggressiv. Es ist wie ein Zwang, der ihn in die Gruppe der Gleichaltrigen hineinzieht.

Die Mutter berichtet, daß sie ihm häufig aus dem Fenster nachsieht. Sie sagt, sie sei beklommen, wenn sie die vier oder fünf Jungen, manchmal ist ein Mädchen bei ihnen, die Straße hinunterziehen sieht. Sie bewegen sich unruhig, diese Kinder, rennen im Kreis umher, schubsen und treten einander, es ist schwer auseinanderzuhalten, was bei diesen körperlichen Berührungen noch Spaß oder schon aggressiver Ernst ist. Auf die Mutter wirkt das Erscheinungsbild dieser Jugendlichen fremd. Sie erkennt ihren Sohn als Mitglied dieser Gruppe nicht wieder.

Die Eltern sind überzeugt, daß Pierre keinerlei Bindung an seine Familie mehr habe. Aus meiner Erfahrung mit vielen ähnlich gelagerten Fällen von Zwölf- oder Dreizehnjährigen teile ich diese Überzeugung nicht. Ich bin gar nicht sicher, ob überhaupt Kinder dieses Alters in der Lage wären, die tiefliegenden Bindungen an Vater und Mutter, an die Geschwister abzustreifen. Manchmal freilich überdeckt ihre Wut oder eine uneingestandene (oder ungewußte) Enttäuschung jede Beziehung. Das schwierigste Problem besteht oft darin, daß die Eltern sich die Enttäuschung ihrer Kinder nicht erklären können. Es fällt ihnen leichter, an die offensichtliche, die gezeigte Kälte des Kindes zu glauben. Sie verstehen zu wenig, was ein Kind von »Familie« will. Es will nicht nur versorgt sein – und der Rest ist Langeweile und Fernsehen! Es will mehr, und wenn es nicht »mehr« bekommt, löst es sich von der Familie.

Die Jungen fliehen – es ist nicht so, daß es sie aus der Familie hinauszieht, es ist eher so, daß sie vertrieben werden. So empfinden sie es auch. Jedenfalls ergibt das Gespräch mit Pierre schon recht bald, daß er sich in seiner Gruppe mit Gleichaltrigen nicht sehr wohl fühlt. Zumindest ist sie nicht besonders attraktiv für ihn, bei weitem nicht attraktiv genug, um seine permanente Abwesenheit von der Familie und seine Verweigerung der schulischen Pflichten zu erklären.

Was treibt ihr den ganzen Nachmittag und Abend? frage ich. Nichts, sagt Pierre. Nichts ist ein bißchen wenig, sage ich. Pierre grinst. Ja, das stimmt, sagt er.

Also – was? frage ich erneut. Pierre zuckt die Schultern.

Ich begreife, daß er es wirklich nicht weiß. Sie vertrödeln einfach ihre Zeit, vertreiben sie auf die eine oder andere Weise. Alles, was sie tun, ist so ziellos und haltlos, so austauschbar, daß er sich tatsächlich nicht daran erinnert, was er am vorhergehenden Tag und am Tag davor getan hat. Wo wart ihr? Womit wart ihr beschäftigt? Er braucht lange Zeit, um sich darauf zu besinnen. Dann sagt er: im Kaufhaus. Das hatte ich mir schon gedacht.

Im Kaufhaus? frage ich trotzdem. Ja, sagt er, in der Computerabteilung. Dort kann man sie immer finden, ganze Schwärme von Zehn- bis Sechzehnjährigen, sie lungern um die Play-Station und die Video-Großleinwand herum, spielen stundenlang, streunen durch die Spielzeugabteilung und laufen wieder auf die Straße hinaus. Kaufhäuser mit ihren vier oder fünf Etagen sind längst zentrale Treffpunkte von Jugendlichen und Kindern geworden. Sie müssen wohl eine gewisse Attraktivität haben, aber sie sind auch ein Ausdruck davon, daß unsere Gesellschaft den Kindern dieses Alters keine anderen Orte anzubieten weiß. Natürlich gibt es die Computernachmittage in der Stadtbibliothek, Spielnachmittage im Jugendzentrum, aber lieber gehen sie gleich in diese Verkaufshallen, die nach Kommerz und Kälte riechen, lieber gehen sie in die ungeschützten sozialen Orte; die entsprechen ihrer seelischen Verfassung mehr.

Was treibst du also mit deinen Freunden? bohre ich weiter. Freunde? sagt Pierre. Ja, sage ich, sind das nicht Freunde von dir? Ich denke, du treibst dich den ganzen Nachmittag und oft am Abend mit denen herum? Ja, sagt Pierre, das mache ich.

Freunde sind das nicht? frage ich. Pierre zuckt wieder die Schultern. Freunde? Er kann sich unter der Bezeichnung nichts Rechtes vorstellen. Und wieder begreife ich, während ich die leichte Enttäuschung, die über sein Gesicht huscht, wie unstet und ungewiß die sozialen Beziehungen dieser Kinder sind. Unter Freunden stellt sich Pierre offensichtlich etwas anderes vor, etwas Besseres, Höheres. Er hätte schon gern einen Freund, einen richtigen, so wie er »Freund« versteht.

Warum hast du keinen richtigen Freund? frage ich. Pierre sagt: Weiß nicht, es hat sich nicht ergeben. Für einen Augenblick herrscht Stille zwischen uns. Wir haben einen wichtigen Punkt berührt. Pierre fühlt sich unbehaglich, aber ausweichen will er auch nicht. Er schaut mich an, hält meinem Blick stand und bemüht sich um Antwort.

Ein richtiger Freund, sagt er, das wäre einer, dem ich vertraue. Den Kumpels in deiner Gruppe traust du nicht? frage ich. Nein, sagt Pierre. Die sind alle nur auf ihren Vorteil aus.

Deutlicher kann man es gar nicht ausdrücken. Eine Art zufälliger Gemeinschaft, fast eine Zwangsgemeinschaft, sind diese vier oder fünf Jugendlichen, die sich in der Schule oder auf der Straße getroffen und dann beieinander geblieben sind. Nichts bindet sie aneinander als die Tatsache, daß sie alle zu gleicher Zeit auf der Straße sind.

Die Vorstellung, sie seien wie Flüchtige, drängt sich mir wieder auf. Ihre Gemeinschaft und ihre Gemeinsamkeit ist ein Fluchtort, nicht mehr, nicht weniger. Die Kräfte, die sie von zu Hause und aus den Verpflichtungen der Schule wegtreiben, sind offensichtlich stark genug, um sie über Wochen oder Monate zusammenzuhalten. Aus der zeitlichen Dauer ergibt sich eine gewisse Gewohnheit, aus der Gewohnheit aber keine Vertrautheit. Das macht mich als erstes aufmerksam. Selbst unter Arbeitskollegen gibt oder gab es (ich bin in diesem Punkt nicht ganz sicher!) eine Nähe, Vertrautheit, manchmal eine gewisse Ebene von Beziehung. Es scheint ein ursprünglicher Impuls von Menschen zu sein, sich in den Gruppen, in die man hineingestellt oder hineingetrieben worden ist, schließlich zurechtzufinden und in gewisser Weise zugehörig zu fühlen. Unser sozialer Trieb ist so ursprünglich, daß er nicht wählerisch ist. Aber auch in diesem Punkt scheint sich bei dem modernen Jugendlichen (und möglicherweise – Stichwort Mobbing! – auch in der Arbeitswelt) einiges geändert zu haben. Auch nach Wochen trauen sie einander nicht wirklich. Die Verfolgung der egoistischen Ziele scheint so eindeutig, so vorrangig, daß jeder in einer gewissen Reserve gegenüber der Gruppe bleibt.

Diese Kinder sind auf der einen Seite einem heftigen, drückenden Gruppenzwang unterworfen, auf der anderen Seite ist ihre Identifikation mit der Gruppe schwach. Solche Kindergruppen werden sehr von äußeren Bildern geprägt; zum Teil sind es Medienbilder, Schönheitsideale, zum Teil sind es die Images von Markennamen, natürlich spielt Geld eine Rolle. Dies alles übt Druck auf sie aus, prägt ihr Gruppenverhalten, ist aber zugleich so unbestimmt, daß der jeweils Einzelne dazu in Distanz bleibt. Dies kann sich in die Gruppe hinein fatal auswirken: Wo zuerst jeder seinen eigenen Vorteil sucht, wo vor allem Selbstdarstellung ein hoch angesetzter Wert ist, da handelt es sich weniger um eine Gruppierung von Freunden als vielmehr von Rivalen. Jeder von ihnen, so ist mein Eindruck, rivalisiert mit dem anderen – aber vor wem und um wessen Anerkennung? Diese Frage, scheint es, ist gar nicht zu beantworten. Denn die Anerkennungen, die sie erwerben könnten, sind so anonym und diffus wie die Normenbilder, die das Gruppenverhalten prägen.

Das bringt mich auf die nächste Frage, die ich an Pierre richten möchte. Bist du ehrgeizig? frage ich. Er stutzt. Meine Frage erscheint ihm merkwürdig, sie ist es ja auch. Ich verfolge eine bestimmte Spur, eine Ahnung, ich weiß es selber nicht genau. Pierre antwortet: Ehrgeizig, was meinen Sie damit? Ich sage: Willst du immer der Erste sein? Ja, antwortet Pierre schnell. Das scheint ihm ganz selbstverständlich. Natürlich will er der Erste sein, jeder will das. Warum willst du der Erste sein? Man gilt dann mehr, sagt Pierre. Man, sage ich, das ist sehr ungenau. Wer ist »man«?

Alle, sagt Pierre, das gilt für alle. Jeder will der Beste sein, das ist doch ganz klar.

Wenn du einen richtigen Freund hättest, sage ich, würdet ihr dann auch so miteinander wetteifern? Nein, sagt Pierre, dann nicht.

Mir drängt sich die Vermutung auf, daß Freundschaft – richtige Freundschaft! – emotional ein Ersatz für die verlorengegangene Familie wäre. Er will über beides nicht recht sprechen, obwohl beides vielleicht die wichtigsten Themen seiner jugendlichen Existenz sind. Er gibt sich zufrieden mit dem, was er vorfindet: die Gruppe seiner Kumpel auf der Straße, mit denen er täglich mehrere Stunden verbringt, oft ganze Wochenenden. Andere soziale Gruppen gibt es für ihn nicht. In Vereine oder Sportclubs geht er nicht, er hat keine Lust, hat er zu seinen Eltern gesagt. Er ist immer nur mit diesen Jungen zusammen, aber reden mag er nicht über sie. Dabei ist es nicht so, daß sie irgend etwas zu verbergen hätten. Es ist auch nicht so, daß er ungern mit mir redet. Er schaut mich an, sein Blick ist offen und interessiert, er will schon weitersprechen, aber lieber über ein interessanteres Thema. Das ist es: seine Clique ist nicht wirklich interessant!

Ich weiß, daß sich sein Ausdruck sofort verändern wird, wenn ich ihn nach seinen Lieblingsspielen oder seiner Sammlung von Pokémons frage. Ich mache die Probe aufs Exempel. »Command and Conquer«, sage ich. Das reicht! Pierre fängt sofort an zu reden. Er richtet sich auf, sein Gesicht nimmt einen Ausdruck von Konzentration an, er hat jetzt ein Thema, das ihn interessiert, eines, das ihn wirklich berührt. Über die Faszination von Computerspielen habe ich im zweiten und dritten Kapitel dieses Buches einiges angemerkt. Manches von dem, was dort steht, habe ich von Pierre und Jungen wie ihm gelernt. Ich will es hier nicht wiederholen. Ich habe Pierre eine ganze Weile von seinen Spielen erzählen lassen, um ihn dann behutsam auf ein anderes Thema zu lenken. Das Thema sind seine Eltern.

Auf den ersten Blick ist seine Reaktion dieselbe wie in den Gesprächen über seine »Kumpel«, ein wenig ausdruckslos, ein wenig gleichgültig, desinteressiert und unkonzentriert. Es bedarf jedoch keiner übermäßigen Aufmerksamkeit, um hinter dem Desinteresse einen anderen Ton zu hören. Der war beim Sprechen über die anderen Jugendlichen nicht vorhanden. Unser Gespräch hat jetzt eine Unterströmung, die, je länger wir sprechen, um so deutlicher hervortritt. Ausgesprochen, ausdrücklich wird sie aber nicht.

Pierre scheut sich, er redet über seine Eltern nur sehr allgemein. Ich denke, wenn wir erst einmal über Vater und Mutter ganz lebendig, ganz emotional sprechen könnten, dann wäre dies ein Zeichen für Pierres seelische Heilung. Aber so weit sind wir noch lange nicht.

Meine Eltern haben keine Zeit für mich, sagt Pierre. Das klingt wie ein Klischee. Das klingt wie angelesen aus irgendwelchen Jugendromanen, die Grundschullehrer gern mit Viertkläßlern lesen.

Keine Zeit? sage ich. Das letzte Mal hast du dich darüber beschwert, daß sie ständig an dir herummeckern. Das stimmt auch, sagt Pierre. Die haben ständig etwas zu nörgeln. Aber fürs Nörgeln haben sie immerhin Zeit genug, sage ich. Pierre lacht, dafür schon, aber sonst für nichts.

Wäre es dir wirklich lieber, deine Eltern hätten mehr Zeit? frage ich. Pierre zuckt die Achseln. Er ist sich in diesem Punkt keineswegs sicher. Daraus läßt sich aber kein Desinteresse an seinen Eltern ablesen, sondern eher, wie mir scheint, eine gewisse Erwartungslosigkeit. Das, was er von ihnen erhoffte, wird er doch nicht bekommen. Mit dem Begriff »Eltern« assoziiert Pierre etwas ganz anderes, als er von seinen eigenen Eltern erwartet, so wie er mit »Freund« etwas ganz anderes verbindet, als er von seiner Clique erhoffen kann.

Mir fällt auf: Vorstellungen von einer idealeren Existenz sind in Pierres Gedankenwelt sehr genau ausgebildet, doch in der Realität erwartet er ihre Verwirklichung nicht. Es ist nicht einmal so, daß er enttäuscht ist. Er hat damit längst abgeschlossen. Tiefe Emotionen, wahrhaftige Gefühle sind etwas, das er sich sehr gut vorstellen kann, das er gern empfinden möchte, für die er aber im realen Leben keine Chance sieht, eher schon im Cyberspace.

Wir sind jetzt an einem wichtigen Punkt angelangt. Pierre spürt es auch. Sein Blick ist wieder aufmerksamer geworden, wieder konzentrierter. Er schaut mich jetzt auf eine Weise an, als würde er von meinen Fragen etwas erwarten. Gerade so, als würden die richtigen Fragen im richtigen Augenblick gestellt werden und Antworten provozieren, die ihm vielleicht weiterhelfen. Nun sag schon, sage ich, etwas zusammenhanglos. Was? fragt Pierre. Deine Eltern, sage ich. Was ist mit denen? Was willst du von denen? Stell dir einfach mal vor, ihr hättet einen richtig tollen Abend zusammen, wie sähe der aus? Pierre überlegt nicht lange. Es sprudelt sozusagen aus ihm heraus.

Bezeichnenderweise sind die Vorstellungsbilder von einem geglückten Familienabend wiederum sehr nah am Klischee. Klischees sind aber oft nichts anderes als Sehnsuchtsbilder. Um genauer zu sein: Sehnsuchtsbilder, die ziemlich weit von der Realität entfernt sind. Das Unrealistische daran macht den Kitsch aus. Kitsch heißt nicht, daß sie nicht tief empfunden sind. Erstmal zusammen spielen, sagt Pierre. Was? frage ich, um seine Vorstellungen zu konkretisieren. Das ist ihm egal: irgendwas eben – es wird ja doch nicht eintreten.

10. Kapitel

Sie leben in Gruppen und wollen lieber irgendwo anders sein

In den Erziehungswissenschaften wird seit langem beobachtet, daß die Gruppen Gleichaltriger bereits für die Elf- und Zwölfjährigen immer wichtiger werden und den Platz der Familie einnehmen. Geschmack und Vorlieben, Lebenspläne und Selbstbilder entwerfen Kinder und Jugendliche zunehmend nicht im Rahmen der Familie, sondern in einer Gruppe von Altersgenossen. Die ersten Beobachtungen dieser Art stammen bereits aus den achtziger Jahren. Sie haben sich im Verlauf der letzten dreißig Jahre zunehmend bestätigt.

Was die wissenschaftliche Studie nicht verrät, das ist die lange nicht wahrgenommene Tatsache, daß sich hinter dieser Gruppenorientierung eine große seelische Not verbirgt. Keineswegs ist das Herumstehen und Herumlungern mit Gleichaltrigen auf der Straße, in Tanzschuppen oder Kaufhäusern ein emotional gleichwertiger Ersatz für familiäre Zugehörigkeit. Jeder, der das Glück hat, in einer intakten Familie zu leben, kann den Unterschied zu den anonymen Gruppierungen gleichaltriger Jugendlicher unmittelbar sehen: Sie sind wie Fortgetriebene, sagte ich eben, und versuchte, dies an Pierres Beispiel zu illustrieren. Offenkundig werden diese herumstreunenden Peer-Groups, diese Gruppen von Gleichaltrigen, in sich immer zerfahrener, unsozialer, sie wirken zunehmend aggressiv. Wir stehen nun vor der Frage, ob wir diese Entwicklung weiterhin achselzuckend akzeptieren und unkommentiert empirisch erfassen wollen oder ob es nicht an der Zeit ist, sich Gedanken über notwendige Gegenkonzepte zu machen.

Die Anfänge der Seele

Ich will versuchen, auf der Grundlage des bisher Gesagten deutlich zu machen, warum gerade das Leben in der Familie diese Situation ausgleichen könnte. Dazu müssen wir freilich einen kleinen psychologischen Umweg einschlagen.

Am Anfang unseres seelischen Lebens steht die Gier nach rascher Befriedigung. Liebevolle Mütter kommen diesem kindlichen Schrei nach Nahrung nach, so gut sie es vermögen. Niemals kann jedoch eine noch so gute Mutter so sorgsam und liebevoll sein, daß sie jeden Hunger stillt, bevor das Kleine ihn verzweifelt gespürt hat oder ihm Wärme zukommen läßt, bevor es friert.

Zwei elementare Erfahrungen, die in der frühesten Kindheit zu gleicher Zeit und mit gleicher Intensität erlebt werden: Die Erfahrung der umhüllenden Befriedigung, die Erfahrung elementarer Bedürftigkeit. Und dann ist es so, daß das Kleine ganz allmählich in die geordneten Räume der Welt hineinwächst. »Geordnete Räume der Welt« – das ist zunächst einmal der Raum der Familie, der elterlichen Wohnung. Auf diese Weise ist die Erfahrung des Körpers für ein Kind zugleich mit der Erkundung seiner unmittelbaren Umwelt verbunden. Es entfaltet aus seinen Körperbezügen Erinnerungsbilder und erwirbt die Fähigkeit, die Wohnung körperlich-sinnlich-geistig zu erforschen, entwirft in seinen Bewegungserinnerungen ein Bild dieser Wohnung, der Abstände, der Räume. Anderes spielt mit herein: Gerüche, die Kälte des Flurs oder der Wohnungstür, die Nähe oder Ferne seines Bettchens, die Dunkelheit seines Schlafzimmers. All dies sind elementare Prägungen für unsere Sinne und unsere Vernunft – Umwelt, Räume, Vater, Mutter, Geschwister und die vielen hundert Einzelheiten von Tag zu Tag sind das Fundament der späteren »Person«.

Wenn wir eben sagten, daß im zehnten oder elften Lebensjahr die Bedeutung der Gleichaltrigen und der Jugendgruppen zu dominieren beginnt, so sollten wir diese Aussage jetzt relativieren. Sie können wirksam werden auf der Grundlage dessen, was viel früher und tiefgreifender im familiären Rahmen geprägt wurde. Dort wurden die »primären« Erfahrungen festgeschrieben, dort leben die für das heranwachsende Kind immer noch bedeutsamsten Menschen: Vater, Mutter, Geschwister.

Verzichten lernen

Die Modellierung der sinnlichen Eindrücke, der Bewegungsabläufe, der Körper- und Selbsterfahrungen sind die ersten Schritte in die Kulturfähigkeit eines kleinen Menschen. Daran schließt sich das Lernen des sozialen Verhaltens, des Gehorsams und Verzichts unmittelbar an. Vom Verzicht haben wir eingangs schon gesprochen; er wird in den frühen Phasen des

Lebens gleichsam naturwüchsig erfahren, im Verlauf der späteren Sozialisation mittels digitaler Medien wird er zu weiten Teilen zurückgenommen. Wir haben auch davon gesprochen, wie sehr die digitale Kultur jedem Aufschub, jeder Sublimierung, jedem »Nicht jetzt, sondern später« widerspricht.

Ein vereinzelter a-sozialer Mensch, der autonom für sich leben könnte, bräuchte keine Kulturleistung, weder Verzicht noch Gehorsam aufbringen. Das menschliche Angewiesensein auf andere erzwingt erst Verzicht, Aufschub, erzwingt »Kultur«. Weil sie dieses Angewiesensein in gewissem Maß leugnen, es »widerrufen«, deshalb sind die digitalen Medien ihrer Art nach a-sozial, ganz gleich, welche Inhalte sie transportieren.

Sprechen und Fühlen

Die Sprache war in den Lebensanfängen Träger sozialer (Selbst-)Erfahrungen. Sie ist der erste, symbolisch vermittelte Austausch mit anderen Menschen. Sie wird zuerst ganz sinnlich, im eigenen Körper erfahren. Die Stimme vibriert in der Kehle und im Brustraum, der Mund formt Worte wie Mama oder Papa, ja oder nein, und mit jedem Laut ist eine unwillkürliche Körpererfahrung ebenso verbunden wie ein intendierter Sinn. Sprache ist sinnlich-abstrakte Gemeinschaftlichkeit. Aber Gemeinschaft basiert von einer bestimmten Entwicklungsstufe an auf der Fähigkeit des Verzichtes. Der muß gelernt, gebildet werden. »Gemeinschaftlichkeit« ist nicht wie andere Entwicklungsschritte – Laufen, Sprechen – auf natürliche Weise *da*. In den ersten Kapiteln haben wir gesehen, daß die digitalen Apparate den Zwang zum Verzicht unterlaufen. Ebenso, kann man ergänzen, wird in den Übertragungsmedien (Internet) der Schriftsprache das Kommunikative ausgetrieben. Mit den Mitteln der Schrift kommuniziere ich im Internet in einen leeren, ungedeuteten und ungefühlten Raum hinein. Ich kommuniziere und bin ganz allein mit mir: die ursprüngliche Einheit von Wort – Sinn – Schrift zerreißt. Ich will diese für eine Kritik der Medienentwicklung zentralen Gedanken hier nicht ausführen. Es wäre weiter zu sprechen über den Unterschied der fixierten Schrift im Buch – das im übrigen in seinen Anfängen eine ganz ähnlich lautende Kritik auf sich gezogen hat; keineswegs zu Unrecht – und der flexiblen unbeständigen Schrift im Netz. Dies alles, so wichtig es zur Darstellung unseres Themas ist, führt hier zu weit. Der interessierte Leser kann es in den Büchern in einer Literaturliste am Ende dieses Bandes genauer nachlesen.

In dem Maße, in dem die Gruppen gleichaltriger Jugendlicher von den neuen Medien geprägt sind, verschärft sich ihr Gegensatz zu den Sozialisationserfahrungen in den Familien. Die sozialen Bindungen an die Gruppe treten in Konkurrenz zu den bewußten und unbewußten Bindungen an »Familie«, und nicht jeder wird damit fertig. Der Gegensatz zwischen Familie und Jugendgruppe ist natürlich nicht neu, es hat ihn in der bürgerlichen Gesellschaft auch schon gegeben. Die Gruppen der Gleichaltrigen bildeten immer »Übergänge« von der Kindheit im Rahmen der Familie zur Selbständigkeit des Erwachsenen. Das Gelingen des Überganges hängt aber davon ab, daß die Ablösung zwar vollzogen wird – mit Hilfe und unter Kontrolle der Gleichaltrigen–, dies aber schrittweise, behutsam verläuft. Es darf niemals zum radikalen Bruch mit den in der Familie gelegten Fundamenten des Selbst führen. Wo sich statt »Übergänge« solche »Brüche« einstellen, droht immer eine seelische Gefährdung. Eben solche Gefährdungen können wir heute bei unseren Kindern und Jugendlichen beobachten.

Ich sollte zwischendurch eine Worterklärung anfügen. Wenn ich von Familie spreche, dann benutze ich einfach eine Chiffre für einen dauerhaften sozialen Verband, der Kinder betreut und schützt. Ganz nebensächlich ist, ob der Vater ein leiblicher Vater, die Mutter eine leibliche Mutter ist, ob die Geschwister leibliche Geschwister sind – von Bedeutung ist allein die Stabilität der Gemeinschaft. Stabil muß die Familie oder die familienähnliche Bindung zumindest so lange sein, wie die Identitätsentwicklung eines Kindes dauert. Und sie dauert eine lange Zeit: mindestens vierzehn Jahre. Im Aufwachsen eines Menschen gibt es eben nichts Schnelles, nichts, was man nebenher erledigen kann, nichts, was von heute auf morgen geht. Die Rasanz unserer Zeitvorstellungen stimmt mit dem Rhythmus der natürlichen Entwicklung eines Menschen nicht im mindesten überein.

Deshalb also »Familie«. Nicht gemeint ist ein rückwärts gewandtes Bild der bürgerlichen Familie, das gelegentlich mehr als ein »Ideal« denn als konkrete Erfahrung in der Diskussion auftaucht. Soviel nebenbei.

Liebe und Haß

Wo Körpergefühl und Verzicht, wo Selbstbewußtsein und Gehorsam so ineinander verwoben sind, wie es in den ersten Entwicklungsschritten eines Kleinkindes im Rahmen der Familie der Fall ist, dort wird das emotionale Leben auf eine sehr vielschichtige Weise gelernt. Die damit erworbene emotionale Komplexität ist von großer Bedeutung für die Entwicklung einer Person.

Es scheint nämlich zur Grundausstattung des Menschen zu gehören, daß er nie nur eines empfindet, sondern immer auch dessen Gegenteil. Wo ein Mensch sich abweisend zeigt, können wir fast immer darauf schließen, daß er sich *auch* nach Zuwendung sehnt. Wenn ein Mensch zwischendurch gern mit sich allein ist, dann bedeutet seine Fähigkeit zum Alleinsein, daß er in früher Kindheit eine Geborgenheit erfahren hat, die ihn jetzt ohne ständige Zuwendung von anderen auskommen läßt. Soziale Empfindungen reichen bis in die verzweigtesten Regungen des Ich hinein, und zugleich ist noch die edelste Hilfsbereitschaft von egozentrischen Gefühlen durchdrungen. Ebenso scheint es zur Grundausstattung des Menschen zu gehören, daß er seelisch gefährdet ist, ja erkranken muß, wenn er über lange Zeiträume hinweg nur einen Pol dieser Gefühlsspannen zum Ausdruck bringen darf. Ein Kind, das immer nur zornig, oder ein Kind, das nur strahlend glücklich ist, erscheint uns zu Recht befremdlich. In der Tat zeigt die psychologische Praxis regelmäßig, daß allzu einseitige Gefühle fast immer die Funktion haben, gegenläufige und möglicherweise untersagte Emotionen abzuwehren und zu verleugnen.

Dauerhafte Wut soll häufig den Wunsch nach Nähe und Zärtlichkeit verleugnen, der Hagestolz ist regelmäßig ein Mensch, der von seiner Umwelt unverhältnismäßig abhängig ist und diese Abhängigkeit nicht erträgt. Selbst die strahlendste glückliche Harmonie ist, wo sie dauerhaft vorherrscht, nahezu immer Abwehr von zugrundeliegenden Aggressionen, die gefürchtet werden. Kurzum, wo Komplexität emotional und intellektuell im Rahmen einer Familie hergestellt werden kann, schafft allein dies einen Schutzraum gegen die Zumutungen der Welt.

In der Beziehung zur Mutter hat ein Kind in den frühesten Lebensphasen erfahren, daß jede liebevolle Zuwendung *auch* eine Gehorsamsforderung verbirgt – »hier noch dein Fläschchen, nun schlaf schön«! Wenn es ihr nicht folgt, wird die Mutter schimpfen. Es lernt gleichsam im selben Atemzug, daß im Schimpfen der Mutter Besorgnis um sein Wohlergehen mitschwingt. Im Umgang mit dem Vater und den Geschwistern oder anderen Familienmitgliedern verhält es sich ähnlich. Die Erfahrung von Ich und Welt ist eine fortwährende Verschränkung von aggressiven und liebevollen seelischen Anteilen, von gierigen und freigiebigen, von egoistischen und großzügigen. Nur wenn diese Verschränkung gelingt, kann ein Kind ein komplexes und realistisches Selbstbild aufbauen.

In einer geglückten kindlichen Entwicklung kann das Aggressive zugelassen werden, weil es von liebenden Impulsen beschwichtigt wird, auf der anderen Seite wird das liebevoll-sehnsuchtsvolle Fühlen intensiv empfunden, weil es von einem gesunden Anteil an Selbstbehauptung und Abgrenzungsfähigkeit begleitet ist. Es ist gar nicht vorstellbar, daß solche komplizierten seelischen Vorgänge anders als in einem stabilen Rahmen einer eng begrenzten Umwelt erworben werden. In unserer gesellschaftlichen Ordnung vermag nur die Familie einen solchen sicheren, widersprüchliche Empfindungen und Entwicklungsschritte ausgleichenden Rahmen herzustellen.

Unbehütete Trennungen

Wenn wir uns nun vor Augen halten, welche Erlebnisweisen und Selbsterfahrungen wir im Raum des Cyberspace angetroffen haben, dann wird das enorme Risiko für die Heranwachsenden überdeutlich erkennbar. Wir sprachen in den ersten Kapiteln von der einsamen Lust am »Schöpfertum« und der gleichzeitigen Vernichtung des Geschaffenen, von den infantilen Omnipotenzträumen, die im virtuellen Raum präsent sind, und wir sprachen von der Auflösung der raumzeitlichen Kontinuität (ich begnüge mich hier mit knappen Stichworten).

Wir haben darüber hinaus angedeutet, daß die Abhängigkeit der Gruppen Gleichaltriger von den Medienerfahrungen dazu führen kann, daß der (notwendige) Gegensatz zwischen Familie und außerfamiliären Gruppen über ein psychisch zuträgliches Maß hinaus radikalisiert wird. Zu viele Brüche, zu viele Trennlinien soll ein Kind gleichzeitig verarbeiten. Sie alle bergen enorme psychische Risiken, und wir stehen als Eltern vor der Frage, wie wir solche Risiken mindern können.

Wo sich junge Menschen, die alle von vergleichbaren psychischen Instabilitäten geprägt oder zumindest bedroht sind, zusammenschließen, dort wird kaum eine freie, offene und souveräne soziale Gruppe entstehen. Sie alle – mehr oder minder ausgeprägt – können sich in den Phasen der notwendigen Trennung von der Familie nicht auf eine ausreichende (verinnerlichte) Stabilität verlassen. Das hat zur Folge, daß Jugendliche sich zu Gruppen zusammenschließen (und in ihnen sozialisiert werden), in denen die jeweils persönlichen »Lebensgeschichten«, die persönlichen Erfahrungen, Werte und Vorlieben – kurz, das Individuelle – kaum eine Rolle spielen. Probleme werden in der Regel ausgeklammert, erscheinen sie doch angesichts der persönlichen Instabilität ohnedies übermächtig und unlösbar. In Gruppierungen dieser Art bedeutet die Eigenart jedes einzelnen relativ wenig, das Persönliche beeinflußt gar nicht oder nur abgeschwächt, was für die ganze Gruppe »angesagt« ist, was attraktiv erscheint, welche Ziele und ob überhaupt Ziele verfolgt werden. Hier herrscht eine ent-individualisierte Grundströmung vor. Sie entspricht dem, was David Riesmann schon vor vierzig Jahren über den »außengelenkten« Menschen notierte. Der von Riesmann beschriebene außengelenkte Mensch hat seine »inneren Standards« weitgehend verloren. Er wird zwar nicht (mehr) von Vorschriften und Verboten gelenkt, statt dessen aber von dem Konformitätsdruck, der von der jeweiligen Gruppe ausgeht.

Ein junger Mensch, der nicht in einem lebendigen inneren Kontakt zu seiner Familie und damit zu den seelischen Ursprüngen seines Lebens steht, verliert sich sehr rasch in den konformen Anforderungen, die eine Gruppe stellt. Er hat kein inneres Maß, um die Wertigkeiten der Gruppe zu relativieren und sich gegebenenfalls von einem übermäßigen Gruppendruck zu lösen. Ihm fehlen die verläßlichen Orientierungen, die ihm unterscheiden helfen zwischen dem, was er selber erreichen will, und dem, was die Gruppe gerade für »angesagt« hält. Den viel beobachteten Hang unserer Kinder zu Mode und Markennamen darf man als ein Symptom für den Verlust dieser »Bindung ans Ich« ansehen. An die Stelle der ich-bezogenen Bewertungen und Befriedigungen ist ein formales Symbol getreten, das in der Gruppe zwar hoch angesehen sein mag, das aber nicht erworben, sondern über Vermarktungsstrategien aufgedrängt worden ist. Ein eindeutigeres Beispiel für das, was Riesmann »außengelenkt« nennt, läßt sich kaum denken.

Nicht nur einzelne, auch die Werte und Haltungen ganzer jugendlicher »Subkulturen« sind von Marketingstrategien durchdrungen. Deren »Wertigkeiten« stehen in keinerlei Zusammenhang mehr zu den persönlichen Sinnfragen eines Menschen (oder einer Gruppe). Mag es kulturpessimistisch oder sonstwie klingen: Wir haben hier ein Beispiel dafür, wie die Globalisierung in den Kindergruppen als Entwertung des Persönlichen durchschlägt.

Modern ist das Alte

Natürlich haben solche Überlegungen einen leichten Hang ins Betuliche, Altmodische. Tatsache aber ist, daß die Bindungen an Familie und ihre Werte in allen Umfragen – etwa zuletzt in der Shell-Studie, der Emnid-Studie oder in Studien des Deutsches Jugendinstituts – von jungen Leuten sehr hoch eingestuft wird. Und es scheint fatalerweise zugleich so zu sein, daß sich die Kinder bei Problemen zwar an ihre Eltern wenden, aber meist keine befriedigende Antwort erhalten. Zumindest geben sie das so an, und sie werden ihre Gründe dafür haben. Ganz offensichtlich sind Eltern als Problemlöser wenig angesehen. Die jugendliche Sehnsucht nach Familie endet oft in Enttäuschung.

Am Altar des Fernsehens

Neuere Untersuchungen des Deutschen Jugendinstituts in München zeigen, daß Kinder und Jugendliche im Innenraum der Familie sozusagen auf ein Vakuum stoßen. Dieses Vakuum hat verschiedene Ursachen. Die sichtbarste und am häufigsten genannte Ursache scheint in der Tat der Fernsehapparat zu sein – Menetekel des Sozialverlustes der Eltern. Er steht gleichsam als Symbol für die Leere im Zentrum vieler Familien. Schon wieder ein Klischee? Schon möglich, aber ein zutreffendes.

Der Fernsehapparat stellt eine passive Versorgungssituation her. Viele Eltern, selber überfordert und narzißtisch gekränkt, können sich ihr kaum entziehen. Die Familie sammelt sich rund um den strahlenden Apparat, als sei er eine Art »Mutter Gottes-Altar«. Zu ihm darf man ein leicht regressives, kleinkindlich gieriges Verhalten einnehmen – und so sieht der Familienabend denn auch oft aus. Alle im Rund, jeder leicht verdauliche, weiche Speise (Kartoffelchips und Snacks) auf dem Schoß, die er sich, während ihm vom Bildschirm 30 000 Lichtpunkte pro Minute in die Augen flackern, fast ohne Unterbrechung (kein Aufschub, kein »Verzicht«) in den Mund schiebt.

Eine solche hochkünstliche Harmonie, die durch die Faszination des Apparats und nicht durch die innere Beteiligung der Familienmitglieder gewährleistet wird, ist natürlich labil. Bei dem kleinsten Konflikt zerbricht sie. Pubertäre Schwierigkeiten einer Dreizehnjährigen haben in dieser Runde ebensowenig Platz wie Schulsorgen. Während die 30 000 Lichtpunkte unaufhörlich den Bildschirm durchrasen und die Sinne mit ihren Lichtwirkungen betäuben, kann jede harte soziale Erfahrung, jede bittere Enttäuschung, überhaupt jede Störung nur als unerträglich empfunden werden. Das vorhin genannte Ineinander von Zärtlichkeit und Aggressivität, von Konflikt und Vertrauen, Egozentrik und Mitgefühl hat hier keinen Platz.

Natürlich ist der Fernsehapparat nur ein Symbol, hinter dem sich eine Fülle von Gründen verbirgt, die zur Auflösung des inneren emotionalen Geflechts einer Familie führen. Es steht für die Beschaffenheit einer Erwachsenenwelt, die sich ihrerseits lieber versorgen läßt, als daß sie sich Konflikten aussetzt. Nicht symbolisch ist die enttäuschte Abwendung von der Familie, aus der die Kinder in die Gruppen Gleichaltriger fliehen. Dort wissen sie häufig auch nichts mit sich anzufangen, lungern, wie ich anfangs sagte, auf den Straßen, in den Kaufhäusern herum oder fliehen gleich weiter zu irgendwelchen Großveranstaltungen. An vielen Wochenenden sind die Straßen voll von hin- und herfahrenden Jugendgruppen, die von einer Disco zur anderen, von einem Event zum nächsten eilen und nirgends das finden, was sie sich erhoffen.

11. Kapitel

Auch die Generation der Eltern ist eine Mediengeneration. Insofern gibt es in den modernen Familien eine Offenheit, die früher nicht bestand. Zugleich mit dieser Offenheit ist auch die Unsicherheit größer als in früheren Generationen. Unsicher ist das Verhalten, ungefestigt das Selbstverständnis. Das hat Folgen.

Zwei zentrale Faktoren sind in das Familienleben eingezogen: Einerseits ist Familie nicht mehr auf Dauer eingestellt. »Bis der Tod euch scheidet« gilt kaum für die Hälfte aller Ehen. Die Bindungsarmut und der medienvermittelte narzißtische Charakter der Eltern führt auch dazu, daß Ehen leichter aufgelöst werden und Familien rascher zerfallen. In diesen gesammelten Ungewißheiten bildet andererseits oft das Kind das einzig verläßliche Zentrum. Seine Existenz ist dauerhaft, verspricht Zukunft, reicht über die Existenz der Eltern hinaus. Mit dem Kind wächst eine Konstanz in die Familie hinein, die die Eltern aus eigenem seelischen Vermögen herzustellen nicht in der Lage sind.

Kind als Stabilitätsgarant

Das Kind spürt die Unsicherheit der Erwachsenen. Es fühlt sich als Zentrum der Familie sicher und geborgen, narzißtisch versorgt gewissermaßen. Gleichzeitig aber empfindet es unbewußt die Verantwortung, die auf ihm lastet. Diese Verantwortung kann es nicht tragen.

Es ist wahrscheinlich, daß Trennungen aus eben diesem Grund für Kinder besonders traumatisch ausfallen. Früher bedeutete die Trennung der Eltern vor allem einen Bruch mit der Norm. Auch das war für Kinder schwierig, sie fühlten sich teilweise als Außenseiter. Dieses Problem haben sie heute weniger oder gar nicht mehr. Getrennt lebende Familien sind »normal«. Heute lastet auf den Kindern eher das Gewicht einer unausgesprochenen Verantwortung.

Auch für die Eltern wird der Umgang mit diesem kleinen »Garanten der Familienharmonie« schwierig. Solange die Rollen von Vater und Mutter verläßlich festgeschrieben und der Bestand der Familie im Prinzip ungefährdet war, fiel es ihnen leichter, regulierend und »autoritär« auf die Kinder einzuwirken. Der »kleine Sonnenschein« jedoch, der heute das oft triste Familienmilieu erhellen oder überhaupt am Leben erhalten soll, kann kaum gemaßregelt werden. Am Ende der Auseinandersetzung könnte das Zentrum des familiären Zusammenhalts insgesamt auseinanderbrechen. Diese Ängste sind nicht unbedingt bewußt, sie spielen aber beim elterlichen Verhalten vermutlich eine große Rolle.

Die harmonischen Wünsche

In Anbetracht dieser Tatsachen ist es kein Wunder, daß Eltern lange zögern, bevor sie in einen intensiveren Konflikt mit den Kindern eintreten. Selbst wenn sie es tun, dann oft mit der Zögerlichkeit eines Menschen, der spürt, daß er etwas riskiert. Die daraus folgende Unentschlossenheit bestätigt die Kinder in ihrer »Sonnenschein«-Rolle, bürdet ihnen aber in gewisser Weise mit jeder vermiedenen Auseinandersetzung, jeder nicht ausgesprochenen Strafe, jeder nicht geahndeten Respektlosigkeit immer mehr von dieser schwer zu tragenden, überfordernden »Verantwortung als Garant des Ganzen« auf.

Entsprechend sind die Reaktionen. Mit höherem Selbstbewußtsein als je eine Kindergeneration zuvor und mit größerer innerer Unsicherheit, durch kindliche Depressivität mehr bedroht als frühere Kindergenerationen, begegnen sie elterlichen Erziehungsversuchen. In dieser ungeklärten, entstrukturierten Situation findet sich keiner der Beteiligten zurecht.

Die Folge ist Anpassung

Bei allen sozialen Gruppierungen ist es so, daß Konfliktunfähigkeit nach innen eine gewisse Abhängigkeit »nach außen« zur Folge hat. Das gilt auch für Familien. Gerade solche durch Konfliktscheu geprägten Familien sind abhängig von der Beurteilung anderer, versuchen oft verzweifelt, ein »heiles« Bild vor ihrer Umwelt aufrechtzuerhalten. So gefährdet sie durch innere Konflikte sind, so empfindlich und verunsichert reagieren sie auf mögliche Konflikte, die von außen an sie herangetragen werden könnten. Die Folge ist, daß viele Familien jeden noch so kleinen Konflikt, jede Reibungsfläche mit Schulen oder Nachbarn zu vermeiden versuchen. Möglicherweise müssen wir feststellen, daß die alten autoritären Familienstrukturen bei aller Problematik eine größere innere Stabilität hatten und sich nach außen besser zur Wehr setzen konnten. Insofern bildete ihr autoritativer Geist auch einen gewissen Schutz für die Kinder. Wenn sie sich im Recht fühlten, wußten sie sich zu verteidigen. Dieser Schutz fällt nun weg.

Schon die Vierjährigen bekommen mit, daß ihre Eltern sie ängstlich daraufhin anschauen, wie sich diese oder jene Verhaltensweise »in der Schule« auswirken wird. Da wird die Zensur der Lehrer (eigentlich ein Skandal an sich!) von den Eltern vorweggenommen und verinnerlicht. Es ist gar nicht anders möglich, als daß die Kleinen damit bereits zu einer gewissen Abhängigkeit von äußeren Instanzen und Einflüssen verschiedener Art erzogen werden. Wenn sie zugleich in eine konfliktunfähige, harmonieselige Familiensituation hineinwachsen, dann wird ihre Abhängigkeit von allen möglichen Außenwirkungen noch weiter verstärkt.

Hilflose Eltern

Der Charakter von familiären Beziehungen, die uns regelmäßig begegnen, läßt sich so beschreiben: Eltern wagen einerseits kein lautes Wort gegen ihre Kinder zu richten, brechen andererseits aber bei der kleinsten Beschwerde der Hort-Kindergärtnerin oder der Grundschullehrerin in Verzweiflung aus. Ihre Suche nach Auswegen aus solchen Konfliktlagen bleibt in der Regel vergeblich. Sie könnte ja auch nur im Erreichen einer inneren Stabilität gefunden werden, doch eben die ist seit langem abhanden gekommen.

In solchen konfliktreichen Situationen helfen pädagogisch-methodische Ratschläge wie »Loslassen« oder »Zur Freiheit erziehen« gar nichts. Auch das unter Pädagogen so populäre »Grenzen setzen« kann unter den genannten Voraussetzungen bestenfalls zu Mißverständnissen führen. Denn die Grenzen, die diese Eltern zu erkennen vermögen, sind eben nicht von der Art, wie sie sich aus dem täglichen Miteinander von Menschen notwendig und natürlich ergeben. Solche natürlichen Grenzen und ihre Durchsetzung erfordern gerade eine gewisse Stabilität und Ausgeglichenheit bei den Erwachsenen. So entstehen lebendige Konflikte, die das »Ich« eines Kindes in der Regel stärken. Was hingegen in vielen Familien durchgesetzt werden soll, das sind eher abstrakte, allgemeine »Grenzen«, da klingt das penetrante normative »Man«, das »Das-tut-man-nicht«, das »Was-sollen-die-Leute-denken« durch – lauter ich-ferne, geduckte Verhaltensweisen. Wie immer in Fragen der Erziehung geht es auch hier nicht um zwei grundlegend unterschiedliche Positionen, sondern um Unterscheidungen im Detail, feine Differenzen, denn auf dieser Ebene leben und wachsen Kinder (es gibt zumal in der deutschen Erziehung immer noch viel zu viele Prinzipien und viel zu wenig Sehen und Verstehen von Alltagsdetails).

Wenn Kinder nicht kämpfen können

Konflikte verlaufen in solchen Familien häufig so: Vater oder Mutter versuchen auf ihren Sprößling einzureden, dieser stülpt verdrossen zwei Kopfhörer über die Ohren. Die Eltern sind hilflos. Das Kind aber hat lediglich eine Lenkung (die der Eltern) durch eine andere Lenkung (die der Medien) ausgetauscht.

In den meisten Konflikten dieser Art geht es um schulische Probleme. In der Tat haben viele Kinder ein gewisses Geschick darin entwickelt, schulischen Anforderungen auszuweichen. Ihre Vermeidung hat freilich weniger mit bewußter Opposition als mit Ängstlichkeit zu tun, eben auch mit der Unfähigkeit, schwierigen Situationen offensiv und aktiv entgegenzutreten. Vermeidung ist die naheliegende Reaktion.

In der Gesamtheit solcher Konfliktstrukturen zeigt sich überdeutlich, daß die Eltern eine zunehmend geringere Rolle spielen. Zuerst haben sie ihre Kompetenz an äußere Instanzen abgetreten, bevorzugt an die Schule. Die Kinder orientieren sich entsprechend um. Eine der Folgen besteht darin, daß dem »Außenfaktor Schule« viel zu großes Gewicht beigemessen wird. Die konfliktscheuen Kleinen entziehen sich und setzen den weicheren »Außenfaktor Medien« an ihre Stelle.

Wenn die Eltern versuchen, sich zu diesem Zeitpunkt wieder ins Spiel zu bringen, haben sie ihre Trümpfe längst verspielt. Alles, was früher elterliche Autorität ausmachte, ist jetzt von Außenfaktoren besetzt. Angst und Vermeidung ist von der Schule besetzt, Harmonie und Beschwichtigung von den Medien. Was haben die Eltern da noch zu sagen? Sie drohen mit sinnlosen Strafen (Stubenarrest, Fernsehentzug), sie versuchen Bedeutung im Leben ihres Kindes zurückzugewinnen, und dieses spürt hinter den elterlichen Ansprüchen die Hilflosigkeit und kehrt resigniert in die beschwichtigende Medienwelt zurück. Dort findet es Identifikation, Modernität, Harmonie, die Duldung seiner Ängste und die Diffusion seiner Seele in einer beruhigenden Weise – keine Lösungen zwar, aber praktikable Vermeidungsstrategien.

12. Kapitel

Kinder wollen persönliche Autorität oder: Keiner ist so wichtig wie Mama und Papa

Zunächst einmal: Es ist heutzutage so, daß Eltern auf vielerlei Weise ein schlechtes Gewissen eingeredet wird. An allen Ecken und Enden werden sie darauf aufmerksam gemacht, welche Fehler ihnen in der Erziehung unterlaufen oder unterlaufen könnten. Dabei ist es doch so, daß nur selbstbewußte Eltern gute Eltern sein können. Die Aufforderung zum schlechten Gewissen, die den Eltern von allen Seiten entgegentönt, ist eine Aufforderung zur Schwäche. Nichts schadet Kindern mehr!

Also: der Elternrolle sicher sein und Sicherheit zeigen, das ist schon der erste Schritt zur guten Erziehung und einem guten Miteinander mit den Kindern. Sie wollen ja selber stark werden und können sich auf diesem schwierigen Entwicklungsweg keine schwachen Eltern leisten. Die Auseinandersetzung mit »starken« Eltern kräftigt hundertmal mehr als Harmonie mit schwachen und nachgiebigen Eltern. Das darf und soll natürlich nicht bedeuten, daß Stärke zur Rücksichtslosigkeit, Konsequenz zur unsensiblen Gedankenlosigkeit wird. Natürlich ist es sinnvoll, sich über sein erzieherisches Handeln Rechenschaft abzulegen, gerade dann, wenn man das Gefühl (die Hoffnung) hat, daß etwas gut gelaufen sei. Ich empfehle deshalb folgendes: Schreiben Sie sich ihren eigenen Erziehungsratgeber. Er gilt nur für Sie und für Ihr Kind. Er ist ein sehr persönlicher Ratgeber und eben deshalb wertvoll, ja unersetzlich.

Sich selbst einen guten Rat geben

Was würde in unserem Erziehungsratgeber drinstehen? Welche Ereignisse, welche Handlungen würden wir aufschreiben, um aus ihnen sinnvolle Folgerungen zu ziehen?

Als erstes gilt: Alle positiven Ereignisse werden sorgfältig aufgeschrieben. Alle, auch die kleinsten. Allein die Tatsache, daß wir die Ereignisse in die geordnete Folge der Schrift bringen, ist ein Schritt zur Reflexion. Wir tun ihn um so lieber, wenn wir selbst etwas Positives, etwas Gelungenes zu berichten haben. Unser Erziehungsratgeber führt uns vor Augen, auf welche Weise und aus welchen Gründen wir als Mutter oder als Vater unsere Rolle gut gespielt haben. Wir lernen aus dem eigenen Verhalten.

Hab du mal Nierensteine ...

Zum zweiten hat unser kleiner Ratgeber zur Folge, daß die positiven Ereignisse nicht in Vergessenheit geraten. Aus irgendeinem Grund, der offensichtlich tief im Charakter des Menschen verankert ist, vergessen wir positive Dinge sehr schnell und reden ausufernd und langwierig – und für unsere Umgebung langweilig – über Probleme und Schwierigkeiten. Das liegt wohl auf eigenartige Weise im Wesen unserer Kommunikation begründet. Wenn uns jemand nach unserem Befinden fragt, antworten wir, um die Sache kurz zu halten: »Gut geht's«. Das war's, mehr gibt es nicht zu sagen, und der Fragende erwartet ganz sicher keine ausführlichen Beschreibungen unserer erfreulichen Seelenzustände.

Einen ganz anderen und erheblich längeren Verlauf nimmt unser Gespräch, wenn wir mit dieser oder jener Beschwerde antworten. Über Nierenleiden oder die Schulprobleme der Kinder – und das eigene schlechte Gewissen – läßt sich stundenlang reden. Unsere Sprache stellt uns eine Fülle von Klagen zur Verfügung und nur ganz wenige frohe Töne. So ist das, und es hat zur Folge, daß auch unser Nachdenken (und Reden) über Kinder regelmäßig zu einer Problemsammlung wird. Dagegen halten wir also konsequent unsere Positiv-Liste.

Vielleicht will ich doch!

Auch das verhaltensauffälligste Problemkind sendet im Verlauf eines Nachmittags und eines Abends eine Reihe von kleinen freundlich-kommunikativen Signalen aus, sucht hier und da unseren Kontakt oder verstreut Hinweise auf seine seelische Bedürftigkeit. Man muß allerdings sehr genau hinschauen. Oft sind diese Hinweise – zumal in der Pubertät – unter gröberen, lautstarken und/oder abfälligen Äußerungen versteckt. Da kann ein Zwölfjähriger mitten im heftigsten Konflikt (»Ich will nicht«) plötzlich ein am Boden liegendes Stück Papier aufheben und brav in den Mülleimer befördern. Das ist so ein Zeichen, von dem ich eben sprach. Es signalisiert: Ich will nicht ausgeschlossen sein. Wenn man ihm in einer solchen

Situation die Chance gibt, aus dem starren »Ich will nicht« herauszukommen, und gleichzeitig sein »Ich will dazugehören« respektiert, dann löst sich manchmal ein Konflikt auf, bevor er zu einer kleinen Familienkatastrophe geworden ist.

Die Pointe unserer Positiv-Liste liegt übrigens in folgendem: Wenn wir nur lange und ausdauernd genug auf unsere eigenen, richtigen Vorgehensweisen (und es gibt sie, bei fast allen Eltern) geachtet und sie schriftlich festgehalten haben, dann gewinnen wir auch die notwendige Aufmerksamkeit für die »richtigen« Reaktionen unserer Kinder. Wir sehen auch ihr Verhalten in einem freundlicheren Licht. Das müssen wir dann natürlich auch schriftlich festhalten.

Den Tag bewahren

Also, nehmen Sie sich dazu jeden Abend eine halbe Stunde Zeit, vielleicht finden Sie so viel Spaß daran, daß es eine ganze Stunde wird. Um so größer ist Ihre Chance, fündig zu werden, wenn Sie all den kleinen und manchmal auffälligen, »großen« positiven Ereignissen nachspüren, die sich, wie gesagt, gern im kleinsten Detail verstecken. Das alles soll keine umfängliche Anstrengung werden, sondern nur eine kleine Vergewisserung, eine Überprüfung der Dinge, die über den Tag passiert sind. Haben wir sie, als sie passierten, wirklich im richtigen Licht gesehen? Unsere Positiv-Liste ist so etwas wie der versöhnende Gute-Nacht-Kuß, auf den man ja auch niemals verzichten sollte, auch, und erst recht nicht, wenn es tagsüber Probleme gegeben hat. Sie ist ein gedanklicher Gute-Nacht-Kuß für uns selbst und für unsere Kinder.

Übrigens kann ich nach jahrelangen Experimenten mit solchen bescheidenen und dennoch wichtigen Hilfsmitteln für Eltern sagen, daß die Positiv-Listen nicht in einem einzigen Fall leer geblieben sind. Es gab immer und in jeder Familie Positives aufzuzeichnen. Manchmal bedurfte es allerdings einer kleinen Nachhilfe für die geplagtesten aller Eltern, aber das ist ein anderes Thema.

Regelmäßig positiv

Es ist freilich nicht ganz einfach, sich als Erwachsener an die Regelmäßigkeit zu gewöhnen, die das Erstellen der Liste erfordert. Ich empfehle Ihnen deshalb, daß Sie einen ganz bestimmten Zeitpunkt und einen ganz bestimmten Ort auswählen, an dem Sie sich jeden Tag (Ausnahmen gelten nicht!) zum Nachdenken und Schreiben einfinden.

Sie sollten in diesem Punkt tatsächlich sehr streng mit sich selber sein. Jede Unterbrechung kann das ganze Projekt in Frage stellen. Wählen Sie eine praktikable Uhrzeit, meinetwegen 21.00 Uhr, zu der Sie ausreichend Ruhe finden, um den Tag unter »ganz anderen« Gesichtspunkten vor sich ablaufen zu lassen. Sie sollten Ihren zweifellos berechtigten Ärger, der sich irgendwann im Lauf des Tages eingestellt hat, schon einmal für eine gewisse Zeit, für diese vorgesehene halbe Stunde zurückstellen. Tun Sie es einfach. Sie werden merken, wenn Sie nach dem Schreiben der Tagesliste den Verdruß wieder einschalten wollen, ist er urplötzlich verschwunden oder wenigstens deutlich schwächer geworden.

Noch etwas: Sie werden bemerken, daß Ihre Positiv-Liste im Laufe der Tage und Wochen kräftig wächst. Man könnte schon recht bald ein Buch daraus machen. Wenn Sie dann einmal zurückblättern, wenn Sie sich vor Augen halten, was vor einer oder zwei Wochen an kleinen, beiläufigen, aber so unendlich wichtigen Gesten und Angeboten von Ihrem Kind kam, dann werden Sie – mit Sicherheit! – darin eine gewisse Kontinuität entdecken. Sie werden feststellen, daß Ihr Kind in bestimmten – möglicherweise oft wiederkehrenden – Konfliktsituationen immer wieder mit hilfreichen Reaktionen zu Lösungen beitragen wollte. In der Hitze des Gefechts ist Ihnen das vielleicht gar nicht aufgefallen.

Sie werden andere Regelmäßigkeiten und Wiederholungen im Verhalten Ihres Kindes finden. Mit anderen Worten, diese Positiv-Liste ist eine »Materialsammlung« zum Zwecke des Verstehens. Lesen Sie ruhig öfter darin.

Gut gemacht!

Gewöhnen Sie sich nun im zweiten Schritt daran, solche (nun besser erkannten) Angebote *sofort* positiv zu beantworten. Ich spreche dabei nicht von einer übertriebenen, demonstrativen Geste; sie würde Ihr Kind nur verlegen machen. Ich spreche vielmehr von kleinen beiläufigen Reaktionen. Es reicht, einem

Kind kurz über den Kopf zu streichen, mit wenigen Worten Freude über sein Verhalten zum Ausdruck zu bringen, es anzustupsen und ein knappes »Gut gemacht« zu brummeln. Das reicht schon! Kinder reagieren sensibel auf solche elterlichen Hinweise. Sie wissen sie sehr wohl wahrzunehmen und richtig einzuordnen. Die Gefahr, daß Sie zu viel loben und anerkennen, ist, nebenbei bemerkt, verschwindend gering. Trotzdem, achten Sie darauf, daß jede Zuwendung redlich ist, von Herzen kommt. Übertreibungen schaden nur. Sie wirken so leicht unehrlich.

Gute Eltern sind manchmal wütend

»Künstliche« oder gewollte Gefühle im Verhältnis zu Kindern richten überhaupt viel Schaden an. Das führt uns gleich zu einem weiteren Punkt. Wir haben weiter oben gesehen, daß Eltern Konflikten gern ausweichen. Das ist ein Fehler! Ein Fehler aus mehr als einem Grund:

Der erste besteht darin, daß kein Mensch – auch die liebevollsten Eltern nicht – auf Dauer Ärger problemlos ertragen. Unterhalb der mühsam aufrechterhaltenen Toleranzschwelle staut sich ein gewaltiger und, im Zweifel, eher unangemessen gewordener Zorn.

Man muß nur einmal in einem Café auf Familien schauen, um in erschreckend vielen Fällen zu beobachten, wie sich unterhalb einer harmonischen Oberfläche unzählige versteckte Zeichen von Aggression und gesammeltes Mißbehagen bei Eltern zeigen. Und täuschen wir uns nicht: Auch wenn Kinder sich so verhalten, als nähmen sie nichts davon zur Kenntnis, auf Dauer, in der Summe, nehmen sie gleichwohl Schaden an ihrer Seele. Kinder registrieren das Verhalten ihrer Eltern genau – übergenau! Deren Konfliktscheu führt letztlich dazu, daß Kinder auf eine desorientierende Weise unterschwelligen und zusammenhanglosen Gereiztheiten ausgesetzt sind. Natürlich können sie damit nicht umgehen, sie können auch nichts daraus lernen. Sie wissen ja gar nicht, worum es geht.

Hört mal alle her, ich bin sauer!

Aus diesem Grund plädiere ich für klare Konflikte, wenn sie sich denn eingestellt haben. Und um meiner These treu zu bleiben, daß Vater und Mutter sich, bitte, als »Vater« und als »Mutter« ernst zu nehmen haben, füge ich folgendes hinzu: Ich spreche nicht von einem gleichrangigen vernünftigen Austragen von Meinungsverschiedenheiten. Bitte keine »Familienkonferenz«! Ich meine das Festsetzen der elterlichen Position – und das klare und unmißverständliche Sanktionieren, wenn gegen sie verstoßen wird. Und, da wir uns gerade um eine – für ein pädagogisches Buch geradezu aufrührerische – Ehrlichkeit bemühen, füge ich hinzu:

Das alles heißt zusammengenommen auch, daß wir in der Erziehung nicht ohne Strafen auskommen. Natürlich gibt es Wunderkinder, die nie ein böses Vater- oder Mutterwort zu hören bekamen und zu selbstbewußten, liebevollen Menschen heranreiften. Man hört von solchen erstaunlichen Wesen vornehmlich in Gesprächsrunden der Familienmagazine im Radio oder TV. Im Regelfall sind es Professoren oder sonstige gut betuchte Väter, die hochnäsig in die Runde blicken und Sätze von sich geben wie: »Mein Kind hat nie«. »Ich würde einem Kind unter keinen Umständen eine Ohrfeige« Ich will nicht sagen, daß sie *lügen*. Sie waren eben selten zu Hause.

Den durchschnittlich talentierten Eltern, die vor dem Fernseher sitzen und solche pädagogische Gewandtheit bewundernd zur Kenntnis nehmen und sich fragen, warum ihnen die Befolgung der liberalen Ratschläge immer so gründlich mißlingt, denen sei gesagt: Die Ratschläge mißlingen, weil die Kinder sie gar nicht wollen.

Ich will Sie mit einem für jedermann sichtbaren Geheimnis vertraut machen: Kinder können permanente Sanftmut und Nachgiebigkeit nicht ausstehen – jedenfalls die seelisch gesunden nicht!

So sollen Eltern sein

In Gesprächen mit Kindern ab etwa zehn Jahren stößt man regelmäßig auf die Erwartung, daß die Eltern in ihrem Verhalten konsequent und disziplinierend wirken sollen. Kinder haben ein Recht darauf.

Ich habe in der Vorbereitung eines Vortrages für einen Lehrerkongreß die mir anvertrauten 38 Kinder und Jugendlichen in meiner Praxis gefragt, was sie von ihren Eltern erwarten und wie ihrer Vorstellungen nach gute Eltern sind. Die Antwort, durchgängig, von allen, mit mehr oder weniger Betonung: »Sie sollen streng sein.«

Das Wort »Strenge« habe ich nicht erfunden, ich habe es auch nicht vorgegeben. Es ist originäre Kinder- und Jugendsprache heute. Es handelt sich keineswegs um eine zufällige oder isolierte Beobachtung. Sie wird von zahlreichen Lehrern und Pädagogen in anderen professionellen Feldern bestätigt.

Der Wunsch der Kinder und Jugendlichen nach Disziplin, die von den Erwachsenen durchgesetzt wird, ist in den letzten zehn Jahren beständig gewachsen. Allerdings wird über diese Tatsache, in der Kinder- und Jugendforschung längst bekannt, selten oder nie öffentlich berichtet. Sie bricht ein Tabu. Kaum jemand versucht (oder wagt?), die vielfach bestätigten Aussagen der Jugendlichen in die seriöse Form einer pädagogisch-psychologischen These zu fassen. Das ist alles ein bißchen komisch, hat mit dem Opportunismus der Pädagogen zu tun, mit dem Zeitgeist der siebziger und achtziger Jahre, der in bestimmten Sektionen der Universitäten überdauert – es wäre ja alles nicht so wichtig, wenn diese ganze Verdruckstheit den Kindern nicht schaden würde. Aber genau das tut sie.

Strenge ohne Mief und Muff

Die Vorbehaltlosigkeit, mit der Kinder und Jugendliche Worte wie »Disziplin« oder »Strafe« in den Mund nehmen, hat nun keineswegs mit einem »Rechtsruck« der heutigen Jugendlichen zu tun. Es hat freilich damit zu tun, daß diese Worte für unsere Kinder (Gott sei Dank!) nicht mehr mit dem alten autoritären Mief besetzt sind, wie es in früheren Kindheiten der Fall war.

In der Kindheit der Eltern stand eben an jeder Straßenecke eine Autorität, die die Kinder reglementierte. Jeder Bahnhofsbeamte, jeder Lehrer, jeder Polizist, sogar die Kolonialwarenhändlerin im Nebenhaus spielten sich gegenüber Kindern als Erzieher auf. Das autoritäre Verhalten der Eltern zu Hause war dann immer nur *noch* eine Maßregelung, *noch* eine Unterordnung. Hinter all dem stand – von der Liebe der Eltern, die es natürlich auch gab, nur unzureichend gemildert – der Geist einer autoritären Gesellschaft. Das ist nicht mehr der Fall. Die

»Autorität«, von der wir heute sprechen, stützt sich nicht auf einen muffigen Geist der Überanpassung – sie tut genau das Gegenteil. Sie versucht in einer unübersichtlichen Kinderwelt Strukturen, Kenntlichkeiten herzustellen. Sie versucht eine Ordnung in das familiäre und damit das kindliche Leben zu bringen, die wenig zu tun hat mit hausfraulichem Ordnungssinn (»Nun räum endlich dein Zimmer auf« – womit nichts gegen aufgeräumte Kinderzimmer gesagt sein soll, sie müssen nur eben nicht *immer* aufgeräumt sein!).

All diese elterliche anweisende Ordnung wird erteilt vor dem Hintergrund anderer, gegenläufiger Orientierungen, die die Kinder gleichzeitig erhalten. Ich meine die Bilder, Maßgaben, Ordnungen und Entregelungen, vermittelt durch die Medien, über die wir in den vorausgegangenen Kapiteln schon gesprochen haben. Die Kinder haben die Wahl. Und sie wissen es.

Der autoritäre Vater vertritt nicht mehr die Normen einer Gesellschaft, die so, wie er sie darstellt, allgemein akzeptiert sind, er vertritt nur noch sich selbst. Das schmälert seinen disziplinierenden Einfluß, gewiß, andererseits stellt es ihn und seine Vorgaben auf personalere und damit überprüfbare Füße. Autorität heute muß sich durch die Person und in der Person erweisen.

Dies ist denn auch mein Einwand gegen den gerade unter Pädagogen so populären Slogan »Kinder brauchen Grenzen«. Natürlich brauchen sie die, übrigens nicht nur Kinder. Gemeinschaften ohne Grenzen könnten schlecht existieren, sie wären auch gar keine. Insofern ist der heißgeliebte Slogan eine Banalität.

Kinder brauchen keine Grenzen – sondern ...?

Mich stört aber etwas anderes: Die »Grenzen«, die Kinder nach dieser Aussage brauchen, sind sehr anonym gefaßt. Sie folgen gewissermaßen der Logik des »Man«. Dies trifft aber die Verfassung moderner Kindheit nicht und birgt eine Reihe von Gefahren, vor allem anderen die Gefahr, daß sich eine eingeschüchterte Elterngeneration hinter allgemeinen Normen verkriecht und als persönliche Autorität nicht in Erscheinung zu treten wagt.

Kinder erwarten und benötigen aber persönlich vertretene Autorität. Sie muß sehr überzeugend sein, denn sie muß, wie ich eben sagte, vor dem Hintergrund von medialen Alternativen wirksam werden.

»Überzeugend«, damit meine ich eben nicht – wie es in den meisten Elternratgebern oder Beratungskolumnen der Familienzeitschriften empfohlen wird – das »vernünftig offene« Gespräch zwischen zwei gleichberechtigten Partnern. Ich spreche von Anweisung! Und ich spreche davon, daß Kindern durchaus klar werden soll, daß die elterliche Weisung von einem Menschen mit Emotionen, mit Zorn und Verständnis, mit Energie und Güte vorgetragen und durchgesetzt wird. Die vernünftelnde Mäßigkeit bei allen erzieherischen Vorgängen, die uns von einer wohlgesonnenen, aber etwas spießigen Pädagogik vorgeschlagen wird, endet oft genug in bitterem Streit und Zorn.

Warum?

Weil Kinder alles, was »mäßig« ist, nicht recht ernst nehmen und nicht befolgen. Irgendwann reißt dann auch dem liberalsten Elternpaar der Geduldsfaden, und ein unnötiger Konflikt nimmt just den Verlauf, den die meisten Jugendlichen nur zu gut kennen. (»Bisher habe ich ja nie was gesagt, ich bin weiß Gott nicht autoritär, aber jetzt wird mir das einfach zuviel! Wenn du nicht auf der Stelle ...«!) Nein, nur mit Güte *und* Zorn, Lautstärke *und* Gelassenheit können wir unseren Kindern die Orientierung liefern, die sie von uns erwarten.

Freilich ist die Voraussetzung dafür, daß sie selber, die Kinder, elterliche Autorität respektieren *wollen*. Aber genau das tun sie ja. Kinder wollen ihre Eltern nicht nur lieben – sie wollen Respekt haben. Wir Eltern dürfen uns nur nicht dauernd selbst abschaffen.

Wir dürfen es deswegen nicht, weil wir unseren Kindern damit den Zugang zu den Quellen ihres seelischen Lebens abschneiden – oder sie zumindest unverläßlich werden lassen. Was meine ich damit? Vater und Mutter sind in dem Sinn, wie ich es beschrieben habe, »Urobjekte«. Die ersten Selbsterfahrungen, das erste Weinen und Getröstetwerden, das erste Hungrigsein und Gestilltwerden, die ersten Erkundungen der Welt und die ersten Laute, die die Welt benannten – sie alle wurden erfahren in der Nähe und umhüllt von Mama und Papa.

Keine dieser allerfrühesten Versorgungen und Tröstungen ist in der Seele eines Kindes verlorengegangen. Sie sind alle noch *da*! Verborgen unter Trotz, Egozentrik, Maulerei und einer Reihe weiterer gelegentlich unerträglicher Eigenschaften. Nichts geht in der Psyche verloren. Weil das so ist, sind Konflikte mit Papa und Mama für Kinder *immer* seelische Zerreißproben. Weil das so ist, sind Eltern – und vielleicht nur sie! – in der Lage, der Eindrucksmächtigkeit und Bildergewalt der Medien- und Kommunikationsapparate entgegenzuwirken.

Wir haben in den vorausgehenden Kapiteln festgehalten, daß Orientierungen sozialer Art von den Medien kaum vermittelt werden können. Also bleiben die Maßnahmen der Eltern die einzige Chance für das Einüben von Sozialität. Eine andere gibt es nicht. Die Durchsetzung sozialen Verhaltens von staatlichen Institutionen (im besten Fall der Schule) zu erwarten war vermutlich immer eine Illusion – in einer modernen Mediengesellschaft ist es absurd. Die elementaren Bindungen an die »elterlichen Urobjekte« müssen gegen die Eindrucksmacht der Medien immer neu behauptet werden. Schwache, blasse Eltern können das nicht. Sie verstellen ihren Kindern den Zugang zu sich selbst.

Hin und wieder geht etwas zu Bruch

Unsere mediengeübten und risikofreudigen Kinder sind mit »Familienkonferenzen« und einem freien rationalen Austausch von Meinungen kaum zu beeindrucken. Sie suchen die Höhen und Tiefen einer Auseinandersetzung. Die Eltern müssen sich dem gewachsen zeigen. Beschwichtigungen und Konfliktscheu vieler Väter und Mütter untergraben den Rest an autoritären Orientierungen, die sie ihren Kindern geben könnten.

Auseinandersetzungen mit unseren modernen Medienkindern heißt Klarheit, heißt Härte, heißt gelegentlich Lautstärke. Ohne die kommen wir nicht aus. Die meisten Eltern wissen das auch, sie trauen sich aber nicht (die meisten Pädagogen wissen es übrigens auch, trauen sich aber nicht einmal, es auszusprechen).

Ich plädiere in Elterngesprächen und auf Vorträgen – vor einer oft verblüfften Lehrerschaft oder anderem Fachpublikum – dafür, daß die Auseinandersetzungen zwischen Eltern und Kindern von einer gewissen Lautstärke und Heftigkeit gekennzeichnet sein *müssen*. Ich pflege den Eltern zu sagen: Es geht schließlich um das Schicksal Ihres Sohnes/Ihrer Tochter. Da kommt es auf eine zerbrochene Fensterscheibe nicht an!

Nun muß nicht gleich bei jeder Auseinandersetzung mit einem Zwölfjährigen oder einer Vierzehnjährigen eine Fensterscheibe zu Bruch gehen, das ist aber immer noch besser, als wenn die elterliche Ordnungskraft zu Bruch geht. Denn die Kinder benötigen sie wie das tägliche Brot. Ich kann aus dem Stegreif eine Fülle von Geschichten erzählen, in denen zur Verblüffung der Erwachsenen die Kinder voller Stolz von heftigen Auseinandersetzungen mit ihren Eltern oder ihrer »Strenge« berichten – als sei sie ein Privileg.

Ich muß freilich sofort zwei Anmerkungen hinzufügen. Die erste ist: Ein Krach ist ein Krach, und wenn er vorbei ist, muß er *endgültig* vorbei sein. Das ist eine weitere Bedingung jeder elterlichen Autorität (und ihrer Legitimation), daß sie *immer* einmündet in eine liebevolle Geste. Es spricht nichts dagegen, daß eine Auseinandersetzung heftig ausfällt, wenn sie am Ende in eine liebevollen Umarmung mündet. Auch ein diszipliniertes Kind muß sich als geliebtes Kind empfinden, nur dann hat Disziplin einen orientierenden, nicht reglementierenden Wert.

Unterdrückte Kinder, kleingemachte Kinder können in einer künftigen globalen Welt nicht überleben. Kinder, die das Risiko scheuen, haben schlechte Karten in der Welt des elektronischen Kommerz. Kinder, die bei jeder sinnlichen Sensation, bei Faszinationen und Verführungen seelisch aus dem Gleichgewicht geraten, werden angesichts der medialen Ereignisse kaum eine stabile Persönlichkeit entfalten können. Nichts davon ist gemeint: kein Ducken, keine seelischen Verletzungen, kein »wo gehobelt wird, fallen Späne«. Gemeint ist vielmehr die Kraft, die den Eltern aus der Sicherheit der Vater- oder Mutterrolle erwächst. Sie sollte auf die Kinder übergreifen. Sie muß von den verschiedenen Eltern auf verschiedene Weise interpretiert werden – aber immer geradlinig, konsequent, auf diese Weise *verläßlich*. Unverläßlichkeiten gibt es in der Welt unserer Kinder an allen Ecken und Enden.

Bloß keine Spießer, keine linken, keine rechten

Ein Krach ist ein Krach, Strafe ist Strafe, da gibt es nichts zu beschönigen. Solange ein Streit relativ frei bleibt von Besserwisserei und Engstirnigkeit, von erwachsener Überanpassung und Ängstlichkeit (oder autoritärer Geltungssucht), wird er sich in der Regel zum Nutzen der Kinder auswirken. Wo freilich in den Köpfen der Erwachsenen eine verängstigte Spießermentalität regiert, da helfen die besten pädagogischen und psychologischen Methoden und Vorschläge nicht.

Die Angst der Eltern provoziert immer die Rebellion der Kinder, und das ist auch gut so. Auch aus der Überanpassung der Eltern können Konflikte mit den Heranwachsenden entstehen – von dem normativen »Man«, der Ängstlichkeit und dem sozialen Gehorsam der Elterngeneration sprachen wir weiter oben. In so gelagerten Konfliktfällen pflege ich als betreuender Psychologe die Kinder zu bestärken – sie haben ein Recht auf ihren freien Willen! Steht das nicht im Widerspruch zu dem eben vorgeschlagenen Modell der sinn- und ordnungsstiftenden Eltern? Nein, tut es nicht. Ich hoffe, das ist deutlich geworden.

Sag mal »Stopp!«

»Stopp« oder »Halt« sagen, Einhalt gebieten, das ist angesichts einer Welt medialer Wunscherfüllungen von elementarer Bedeutung. Es fällt Kindern schwer, und die meisten lernen überhaupt nicht, sich zu begrenzen.

Nun zeigt sich, daß es den Kindern vor dem Hintergrund der eben geschilderten Maßnahmen und positiver elterlicher Autorität sehr erleichtert wird, auch einmal zu sich selber und den vielen Wünschen »stopp« zu sagen. Wir haben an den Darstellungen zum Cyberspace und der Kommunikation im Netz gesehen, wie dort jede Kontrolle aufgelöst, jeder Impuls – in elektronische Signale übersetzt – umgesetzt wird, kurzum, eine auf sofortige Wunscherfüllung gepolte ego-zentrierte Mentalität gefördert wird. Dies alles, sagte ich und möchte es an dieser Stelle in Erinnerung rufen, ist keineswegs nur negativ.

Es ist Training und seelische Vorbereitung auf die Zukunft, auf eine offene technische Welt. Das ist das eine. Das andere ist, daß gegen diese Welt und mit ihr eine Art Balance, ein Gleichgewicht hergestellt werden muß. Diese Medienwelt neigt, sich selbst überlassen, dazu, seelische Überforderungen zu erzeugen. Beschleunigte und unkontrollierte Impulse, aufgeblähte Ich-Visionen in Action, das Vergessen des Sozialen, über all das haben wir oben ausführlich gesprochen. Ein solches Gegengewicht kann durch »Impulskontrolle« hergestellt werden, die das allzu kurzfristige, allzu heftig-gierige Zugreifen auf dieses oder jenes verzögert. Wie ist das zu bewirken? Nun, recht einfach, unsere Kinder müssen lernen, »Stopp« oder »Jetzt nicht« zu sagen.

»Sagen« ist hier wörtlich gemeint. Wir alle erteilen uns im Verlauf eines Tages Hunderte von Anweisungen und Selbstkommentierungen. Wenn wir uns kräftig über uns selber ärgern, sprechen wir manche Kommentare auch laut und deutlich aus: »Nun mach doch endlich, du Idiot!« Die Bezeichnung kann gelegentlich auch derber ausfallen, aber wir reden ja nur zu uns selbst!

Da in der modernen Psychologie alles und jedes gezählt wird, gibt es auch zu den Selbstanweisungen eine empirisch erhobene Ziffer. Bis zu 13000 Anweisungen oder »Kommentare« sollen uns im Verlauf eines Tages durch den Kopf gehen. Ich weiß nicht, ob das stimmt. Zweifelsfrei ist jedoch, daß diese Instruktionen, die wir an uns selbst richten, eine gewisse emotionale und wahrscheinlich direktive Kraft haben. Positive Gedanken machen uns tatsächlich freundlicher, und je freundlicher wir uns der Welt präsentieren, desto freundlicher blickt die Welt auf uns zurück, bis wir am Ende wirklich ganz freudig-positiv gestimmt sind. Dieser seelische Mechanismus ist äußerst simpel, aber er funktioniert. Wo ein Kind hundertmal »Ich will« pro Tag sagt, kann ein gelegentliches, gut trainiertes »Stopp« nicht schaden. Es kann gegebenenfalls dem »Ich will« an der Grenze zur Maßlosigkeit Einhalt gebieten.

Sie sollten beispielsweise mit Ihrem Kind ausmachen, daß Sie gemeinsam in bestimmten Situationen, die in Ihrer Familie zu Konflikten führen, einfach klar und deutlich »Halt« sagen. Dieses »Halt« kann das Kind auch »visualisieren«. Eine selbstgezeichnete Comicfigur, eine Lieblingsfigur, die klar und deutlich ein Stopp-Schild in der Hand hält – die allein kann in schwierigen Situationen ein wenig »Zögern«, ein wenig Einhalt bewirken.

Ich empfehle Kindern, die zu ungezügelten Wutausbrüchen neigen – und damit gelegentlich in ernste Schwierigkeiten kommen–, das Stück Papier mit der selbstverfertigten Comic-Stopp-Figur in die Hand zu nehmen und langsam zu zerreißen. Das tun Kinder natürlich nicht – jedenfalls nicht, wenn ihnen ihr Werk gefällt. Das schöne Bild eines Pikachu oder eines anderen Lieblings-Pokémon oder sonst einer ans Herz gewachsenen Figur tut ein Übriges: die zerreißt man nicht. Der Impuls wird mitten im automatisierten Handlungsablauf geblockt. Damit ist zumindest die Chance zu einer Denkpause eröffnet. Mehrfach wiederholt, schleift sich solch ein Stopp-Impuls ein. Aggressivität ist bis zu einem gewissen Grad »Gewohnheit«, ihre Bändigung auch.

Das ungewohnte »Halt«

Halt-sagen oder -denken fällt schwer. Zwischen Impuls und Handlung liegt, wie beim »Terminator«, für viele Kinder oft kaum eine Zeitspanne von mehr als einigen Sekunden. Kein Nachdenken bremst sie, keine verinnerlichten Hemmungen regulieren sie. Sie greifen zu, schlagen zu, sie tun es ohne Überlegung. Das »Halt« muß also geübt werden. Sie können ein kleines Spiel daraus machen.

Zum Beispiel so: Ich habe die Erfahrung gemacht, daß es Kindern einen Heidenspaß bereitet, wenn man typische, immer wiederkehrende Konflikte in einem Rollenspiel wiederholt. Bitte kein Bierernst dabei! Sie dürfen ruhig ein wenig kaspern und übertreiben, und das Kind auch. »Ich habe dir schon hundertmal gesagt, daß du …« Diesen Satz kennt das Kind schon. Übertreiben Sie ihn also ruhig ein wenig, ironisieren sie ihn ein wenig, nehmen Sie dem Konflikt etwas von seiner Schärfe, die meist ganz unnütz ist. Etwa so: »Jawohl, hunderteinmal, hundertzweimal, hundertdreimal …«. In der freundlichen Stimmung klingen dann auch die typischen Reaktionen des Kindes (hört nicht zu, oder: »Jaaa …«) sehr viel erträglicher in elterlichen Ohren, der Konflikt eskaliert spielerisch, und dann rufen Sie *gemeinsam* laut und deutlich: »Halt«.

Sie können ebenfalls gemeinsam ein Halt-Zeichen im Computer »designen« und das Kunstwerk für eine gewisse Zeit in der Küche oder im Wohnzimmer anbringen. Manchmal reicht ein stummer Fingerzeig auf das Schild, um die Selbstregulation des Kindes zu motivieren. Auch hier kommt es nicht auf spektakuläre Einfälle an, sondern auf das Herstellen von Gewohnheiten. Aber natürlich, Sie kommen auch hier nicht um das leidige Thema Autorität herum. »Halt« muß »Halt« heißen. Ein Übertreten der Halt-Grenze dürfen Sie nicht akzeptieren. Bleibt die elterliche Konsequenz aus, dann gibt es für Veränderungen keine Notwendigkeit.

Was Lucio lernte

Eine der genannten Übungen habe ich mit Lucio ausprobiert, einem Jugendlichen, der erhebliche Probleme mit der Selbstkontrolle hatte und dabei in allerhand schwierige Situationen geriet. Er trug auf meinen Vorschlag gleich mehrere Zettel mit der schlichten Aufschrift »Stopp« (zeichnen konnte er nicht) beständig bei sich. Sozusagen griffbereit in der Jackentasche! Sobald er den Impuls hatte, Konflikte anzufangen, loszubrüllen oder loszuschlagen, nahm er, wie verabredet, erst den Zettel in die Hand, schaute ihn »bewußt« an und begann anschließend, ihn langsam und voller Ingrimm zu zerreißen, in viele ganz, ganz kleine Stückchen. Es gelang ihm tatsächlich, mit Hilfe dieser unauffälligen »Impulskontrolle« seine Konflikte zu mindern und auf längere Sicht seine Konfliktanfälligkeit in den Griff zu bekommen.

Der Trick liegt einfach darin, daß Lucio durch die vorgeschriebene Handlung gezwungen war, seine unmittelbaren, unkontrollierten Impulse zu blocken und durch einen intellektuellen Vorgang zu ersetzen. Die Wirkung bestand natürlich nicht darin, daß der Junge auf einen Zettel starrte und ihn zerriß, sie bestand in der Bewußtheit dieses Vorgangs. Es wird einfach »von außen« ein Element von Reflexion eingeschoben, das sich bei Lucio und den vielen, die so sind wie er, nicht mehr selbstverständlich einstellt.

Finger auf den Mund

Ein Lehrer berichtete mir vor einiger Zeit von einer ganz ähnliche Methode oder sagen wir bescheidener einem »Trick«, um seine unruhige Klasse besser in den Griff zu bekommen. Er traf mit ihr folgende Vereinbarung: Immer dann, wenn ihm oder einem Schüler der Lautpegel in der Klasse zu hoch wurde, legte der Lehrer oder der betreffende Schüler auffällig und für alle sichtbar den Finger auf den Mund. In diesem Moment, so die Vereinbarung, mußten alle dreißig Kinder gleichzeitig dasselbe tun: Finger auf den Mund. Stille trat ein, man darf vermuten: wohltuende Stille. Wohltuend nicht nur für den Lehrer, sondern für die Schüler selber auch. Und tatsächlich bewirkte auch diese kleine Methode eine allgemeine Disziplinierung. Die Lautstärke wurde nicht nur unterbrochen, sondern der Lautpegel in dieser Klasse sank insgesamt deutlich ab.

Interventionen in dem impulsiven Ablauf eines Verhaltens: das scheint in einer Mediengeneration ein ganz zentrales Element von Bildung und Erziehung zu werden. Aus diesem Grund werden bei den Kindern und Jugendlichen eine Reihe von Sportarten populär, die eben dasselbe »Stopp«- und »Halt«-Training beinhalten. Dazu gehören etwa das immer beliebter werdende Judo. Es hat den doppelten Vorteil, daß einerseits aggressive Handlungen in einem gewissen Maße erlaubt werden, andererseits werden sie in einen engen Rahmen gezwängt, strikten Regeln unterworfen; zugleich bestehen viele Judo-Übungen darin, einen aggressiven Impuls zu beginnen und abrupt abzubrechen. Das Abbrechen, das Einhalten, das »Halt« im Bewegungsablauf und das Finden einer neuen Körperkoordination ist ein Psycho-Training für unsere Jungen, von dem sie wohl selbst merken, daß es ihnen weiterhilft.

Nichts ersetzt Familie

Insgesamt orientieren Kinder ihr Verhalten am täglichen Modell der Familie. Der wichtigste Punkt ist wohl dieser: Die Medien-Kinder brauchen Ausgleich in vielerlei Hinsicht. Einiges habe ich weiter vorn angedeutet. Sie brauchen Ausgleich für die unaufhörliche Stimulation, die ihnen aus ihrem Medienalltag entgegenströmt, der sie so bereitwillig folgen und die in ihnen doch immer eine gewisse Enttäuschung hinterläßt.

Diesen Ausgleich können Eltern am ehesten dadurch herstellen, daß sie selber inmitten der Unruhe den Überblick bewahren. Je ausgeglichener und gelassener Eltern nicht nur mit Konflikten, sondern mit Alltäglichkeiten insgesamt umgehen, desto wichtiger werden sie als Gegengewicht zu einer hyperaktiven Medienwelt.

Je »cooler« sie in der Bewältigung eines schwierigen Konflikts bleiben, desto mehr werden sie zum Vorbild und oft zum einzigen Halt. Je großzügiger sie alltägliche Dinge zu regeln verstehen, desto klarer werden sie zum Gegenbild einer hastigen »Ich-will-alles«-Welt.

So wie Kinder immer auf der Suche nach Geborgenheit sind, sind sie auch immer auf der Suche nach diesem seelischen Ausgleich. Ohne ihn bleiben sie einer medialen Umwelt ohne Struktur und ohne Zentrum ausgeliefert. Sie wissen dies, sie spüren es zumindest, sie werden mit ihrer Suche nach Gegenorientierung aber viel zu oft allein gelassen. Deshalb geht es eigentlich nicht darum, dieses oder jenes Rezept, diese oder jene erzieherische Methode anzuwenden – es geht vor allem darum, in einer hybriden Welt einen »Raum der Geborgenheit und Verläßlichkeit« herzustellen.

Wenn dieser »Raum« von den Ur-Objekten, den seelisch wichtigsten Personen im Leben eines Kindes, gestaltet wird, dann hat er für ein Kind eine Verführungskraft, die es mit jeder Medien-Attraktivität aufnehmen kann. Allerdings will ich gleich hinzufügen, daß dieser Geborgenheitsraum nicht zu einem abgeschlossenen Raum werden darf, er muß vielmehr »offen« sein. Er muß den Kindern ihren Zugang zum Möglichkeitsraum der Medien lassen, ihnen aber jederzeit die dort eingebüßte Struktur und Verläßlichkeit zur Verfügung stellen. Der Raum der Familie ist in einer modernen Welt eine Art *durchlässige Gegenwelt*.

Auch hier gilt es, in allem das richtige Maß zu finden. Wo die Familie selbst eine Verlängerung der Medienwelt geworden ist, da wird sie für die Kinder und Jugendlichen schnell unattraktiv. Medienereignisse finden sie außerhalb der Familie in weit attraktiverer Form. Wo auf der anderen Seite eine Familie versucht, sich gegen die mediale Umwelt abzuschließen, versperrt sie möglicherweise den Zugang zur Zukunft

– noch wahrscheinlicher wird es dann so sein, daß die Kinder ab einem bestimmten Alter die zu eng gesetzten Grenzen sprengen und einen Bruch mit der Familie vollziehen – mit dem sie dann oft seelisch nicht fertig werden.

Diese Tendenz scheint vor allem bei jungen Familien häufiger zu werden: Sie schließen sich nach außen ab, sie versuchen einen Geborgenheitsraum im Innern herzustellen und wollen ihn möglichst gegen die Umwelt absichern. Solche Strategien können nicht aufgehen! Das Maß der Durchlässigkeit *und* das Maß der Ordnung: beide sind nicht leicht zu finden. Es gibt auch keine objektiven Vorgaben dafür. Sie müssen sich sozusagen im Alltag einstellen.

Freilich stellen sie sich auf verläßliche Weise nur dann ein, wenn die elterlichen Eigenschaften, die ich im Gespräch mit dem Vater angemahnt habe, tatsächlich gelebt werden (können). Gelassenheit, mit der Sicherheit eines Menschen, der weiß, was er will – dies ist eine Verhaltensweise, die in einer desorientierenden Umwelt für Dreizehn- oder Vierzehnjährige eine enorme Bindekraft hat. Sie können und sie wollen sich ihr nicht entziehen.

Bindekraft ist aber genau das Gegenteil vom »Hotel Mama«. Auch diese Entwicklung, über die oft ironisch berichtet wird, ist schon bedenklich genug. Sie ist nichts anderes als die Fortsetzung der mehrfach erwähnten narzißtischen Einheit von Mutter und Kind in das Jugend- und manchmal sogar junge Erwachsenenalter hinein. Solche Familien oder Teilfamilien, die sich harmonisierend gegen die Anforderungen der sozialen Welt sperren, erscheinen auf den ersten Blick konfliktfrei. Aber unterhalb der Oberfläche brodeln all die unausgesprochenen Konflikte, die unvermeidlich dann entstehen, wenn Menschen nicht ihrem Alter entsprechend reifen dürfen. Infantile 25jährige sind nicht glücklich, auch wenn sie behaupten, daß ihnen nichts in ihrem Leben fehlt. Es fehlt ihnen die innere Autonomie.

Du, mein liebes Monster

Alle zwei Monate kommen neue Sammelkarten, neue Figuren, dann ein Film, dann Pokémon- oder andere Bälle, Pokémon- oder andere Shirts auf den Markt. Alles maßlos überteuert natürlich, die Geschäftsleute spekulieren auf die Sammelleidenschaft der Kinder, die es schon immer gegeben hat. Aber ebenso spekulieren sie auf die rücksichtslose Gier der Kinder, die neu ist, und am allermeisten spekulieren sie auf die weiche Hilflosigkeit der Eltern, die auch neu ist. Ihre Kalkulation geht auf.

Die Kinder wollen und wollen, auch noch die 235. Spielkarte und Figur, und die Eltern wagen nicht, den Quengeleien und den Hinweisen (»Freund Felix hat schon die 312.«) zu widerstehen. Die Folge des Ganzen sind übervolle Kinderzimmer und sonst nichts.

Nun besteht nicht der geringste Zweifel, daß mitfühlende und unsichere Eltern keine Chance haben, solchen Markt-Prozeduren auch nur den geringsten Widerstand entgegenzusetzen. Sie müßten dazu innerhalb der Familie Konflikte aushalten, die sie überfordern. Aus diesem Grund gehen sie ihnen aus dem Weg. Ihre Kinder wissen das, sie spüren es, sie finden für ihr Haben-wollen keine Grenze, und die Konsumwelt bietet ihnen auch keine an. Wo früher der natürliche Mangel der Güter eine Grenze setzte, da müßte heute eine innere Grenze aufgebaut werden: die aber findet ohne Hilfe der Eltern nicht statt.

Wo jedoch die genannten elterlichen Eigenschaften ausgebildet und von den Kindern in vielfacher Weise erfahren worden sind, dort zeigt sich ein ganz anderes Bild. Keineswegs ein konfliktfreies! Die Kinder müssen aushalten, daß die Eltern auf freundliche, aber bestimmte Weise das Maß der kindlichen Anpassung an den Pokémon-Boom festlegen. Fünf Kuscheltiere sind erlaubt, mehr gibt es nicht, eine Gameboy-Version als Geburtstagsgeschenk, die zweite frühestens in einem halben Jahr (falls Pokémons dann noch angesagt sind). Es ist keineswegs so, daß Kinder in diesen Familien solche Entscheidungen beglückt hinnehmen. Sie quengeln, nörgeln und verweisen auf andere Kinder, die es ungleich besser haben als sie selbst – so wie es Kinder seit jeher getan haben. Aber so werden sie rechtzeitig darüber belehrt, daß man keineswegs jede Mode mitmachen muß, um glücklich zu sein, daß es durchaus möglich ist, mit *gemäßigter* Teilnahme an der Spielzeugwelt japanischen oder amerikanischen Zuschnitts bei anderen Kindern akzeptiert zu werden. Gelegentlich machen sie sogar die Erfahrung, daß die Beschränkungen, die ihnen auferlegt sind, von ihren Freunden respektvoll zur Kenntnis genommen werden. Konflikte gibt es trotzdem, aber sie bewegen sich in einem erträglichen Rahmen, erträglich auch im Sinn der Zumutungen, die den Kindern auferlegt werden. Denn jeder Verzicht ist eine Zumutung, wir sollten das nicht vergessen, gerade dann nicht, wenn wir darauf beharren, daß Verzicht notwendig ist.

13. Kapitel

»Sie sind das A und O jeder Erziehung.«

Gespräch mit einer Mutter

Mutter Ich komme bei Ihnen wohl gar nicht vor, oder?

Autor (erschrocken) Wie kommen Sie denn darauf? Sie sind in meinen Überlegungen ständig präsent. Sie sind das A und O, der Quell aller Tröstungen, das habe ich doch gesagt.

Mutter Das klingt ironisch, fast ein bißchen abwertend.

Autor Ist aber nicht so gemeint. Es ist eben nur schwierig, mit den elementaren Gefühlen, den ganz großen existentiellen Themen unseres Lebens richtig umzugehen. Wir sind in unserer Kultur darin so wenig geübt, deshalb flüchten wir gern in eine milde Ironie. Dabei ist es mir sehr ernst: Wo die Bindung an die Mutter verlorengeht, da sind die Kinder in ihren tiefsten Empfindungen total widerstandslos den Verführungen einer Medienwelt ausgesetzt. Ich habe hoffentlich deutlich gemacht, daß ich nichts gegen Verführungen habe. Sie machen das Leben erst richtig schön. Doch auch bei den Verführungen muß es eine Art Balance, ein Gleichgewicht geben. Ich habe dargestellt, daß die Medienwelt die tiefsten, sinnlichsten Verführungen für unsere Kinder bereithält. Eine Balance dazu, ein Gleichgewicht kann es nur geben, wo die Bindung an die Mutter intakt ist und dadurch eben gleichzeitig und in gleichem Maße andere Verführungen, andere Sinnlichkeiten, andere Frühformen von Erfahrung und Selbsterfahrung in der Seele eines Kindes verankert sind. Wenn die mütterliche Seite dieser Balance wegbricht, dann bricht im Grunde das Fundament des Seelischen in unserer Kultur weg. Von einer solchen Dimension ist hier die Rede.

Mutter Klingt schon viel besser. Und was soll ich nun genau tun? Sie haben viele Vorschläge unterbreitet, die allesamt Disziplin und Ordnung, Maß und Form enthalten. Das klingt für mich immer nach Vater oder Männlichkeit. Oder ist es ein Vorurteil?

Autor Ist es nicht. In der Tat haben wir viel über Methoden und über die Frage, was man tun kann, gesprochen. Ich habe aber auch am Beispiel des Vaters mehrfach betont, daß es letztlich gar nicht so sehr darauf ankommt, was er tut, sondern was er *ist*. Das elterliche Sein steht im Zentrum. Das gilt für die Mutter in unvergleichlich höherem Maße. Sie ist nach meinem

Empfinden nicht so sehr jemand, der etwas ausrichten, etwas bewerkstelligen muß. Es ist vielmehr ihre Aufgabe, die Bindungen, die in der frühesten Kindheit wachsen, aufrechtzuerhalten, zumindest nicht zu zerstören. Das tun viele Mütter. Sie setzen viel zu viele Dinge seelisch an die erste Stelle, die bestenfalls an die zweite oder dritte Stelle gehören. Sie verlieren selbst das Maß für Wichtigkeiten.

Natürlich muß eine Mutter sich auch um die Erledigung von Hausaufgaben kümmern, natürlich soll sie mit Lehrern sprechen, die Anlagen oder Begabungen oder möglichen Talente ihres Kindes fördern und dergleichen mehr. Das alles ist schön und gut und sollte auch so sein. Aber die Beobachtung, die ich – und nicht nur ich – immer wieder mache, ist folgende: Genau diese aktivierenden elterlichen Tätigkeiten werden weit übertrieben. Begabungen setzen sich auch dann durch, wenn sie nicht ständig forciert werden. Schule wird von einem seelisch intakten Kind bei durchschnittlicher Begabung im großen und ganzen schon erledigt, man muß sich nicht Tag für Tag darüber den Kopf zerbrechen. Bei all diesen aktivierenden Tätigkeiten geht das andere, das Elementare verloren.

Und dieses eben ist die Grundausstattung für alle geistigen und intellektuellen Tätigkeiten, die Voraussetzung für die Entfaltung jeglicher Begabung. Mütter sollen *da* sein. Mütter sollen verläßlich sein, sie sollen sich nicht in ehrgeizigem »Motivieren«, oder wie immer die Modeworte lauten, verlieren. Mütter sollen erkennbar die Lebenslinie von den ersten Lebenstagen bis in die Gegenwart hinein verkörpern. Sie sollen, auf ganz andere Weise als die Väter, eine Beständigkeit seelischer Art darstellen. Die Kinder benötigen diese Fluchtorte, diese Refugien, und sie suchen sie auf, wenn ihnen der Weg nicht versperrt ist. Das ist Anfang und Ende, A und O, es ist kein Zufall, daß das Mütterliche in allen Kulturen ins Mystische gehüllt war. Auch dafür haben wir das Empfinden verloren, und unseren Kindern tut das nicht gut.

Mutter Ist das nicht alles ein wenig allgemein?

Autor Nein, eben nicht. Allgemein sind die Hinweise auf die vielen Aktivitäten, die Mütter zur Förderung ihrer Kinder starten können. Wovon ich spreche, das ist das Konkreteste von allem: das *Sein*! Ich möchte nicht pathetisch werden, wage jetzt aber doch zu sagen: Es gibt in unserer Kultur eine Selbstvergessenheit der Mütter. Sie ist vielleicht die größte der hier aufgezeigten Kindernöte.

14. Kapitel

Saint-Exupéry sagte einmal: »Wenn du Kinder lehren willst, über das Meer zu fahren, dann belehre sie nicht über Geometrie und Schiffbau, sondern erwecke ihn ihnen die Sehnsucht nach der Weite und dem Meer.« Es ist ganz offenkundig, daß die Mentalität, die aus solchen Sätzen spricht, die Gefühle und Wahrnehmungen unserer Medienkinder widerspiegelt. So denken sie auch, so fühlen sie auch – so würden sie zumindest denken und fühlen, wenn wir es zuließen.

Dies gilt besonders für das Lernen und die Schule. Es ist ein Unfug, diese Kindern, die so geschickt mit Symbolen umgehen, die sich in phantastischen Erlebniswelten verlieren, global mit Codes unterschiedlicher Art kommunizieren, in den langweiligen und tristen Unterrichtsstoff hineinzupferchen, wie er an unseren Schulen üblich ist. Es ist unsinnig, in ihnen Motivationen wachrufen zu wollen, die einem »alten« Charaktertypus der industriellen Kultur entsprechen. Mit Moral und Leistung kann man diesen Kindern kaum beikommen! Wir haben von ihrem Hang zum sozialen Opportunismus gesprochen, doch der ist eine schlechte Motivationshilfe. »Du willst doch genauso gut sein wie die anderen«, das findet bei den Medienkindern zwar einen großen Widerhall, sie haben tatsächlich panische Angst davor, sich von anderen zu unterscheiden, doch diese Reaktion hat nichts Produktives. Sie fixiert ihre Schulangst, ihr träges Vermeidungsverhalten nur und führt, wenn sie überhaupt etwas bewirkt, allenfalls zu kindlicher Depressivität. Beispiele solcher Angst-Depressionen beobachten wir in der kinderpsychologischen Praxis jeden Tag.

Lernen und Selbstliebe

Es muß uns also darum gehen, auf möglichst einfallsreiche Weise aus dem matten Lernstoff narzißtische Motive herauszulocken, die Verführbarkeit unserer Kinder durch glitzernde, brillante Reizwirkungen zu nutzen – dafür gibt es beim Lernen eine Reihe von Möglichkeiten. Doch auch hier gilt, wie wir im Verlauf dieses Buches mehrmals betont haben: Gerade das Narzißtische und Brillierende, das Funkelnde und Unstete braucht einen festen Ordnungsrahmen, sonst zerbricht es.

Unterricht braucht beides: Attraktivität im Vergleich zu Medienereignissen und stabile Ordnung. Für beides ist Schule im gegenwärtigen Zustand kaum ein geeigneter Ort. Für das Lernen bedeutet dies jetzt und heute konkret, daß es wiederum die Eltern – in bewußter Betonung ihrer Vater- und Mutterrolle – sein müssen, die diesen Rahmen festlegen. Das könnte so aussehen: Eltern legen gemeinsam mit den Kindern den Zeitpunkt und den Ort fest, an dem das nachmittägliche Lernen, die Hausaufgaben stattfinden – unabhängig von der Frage, wieviel Sinn Hausaufgaben tatsächlich machen; Eltern können daran wenig ändern.

Ordnung schadet nicht

Diese Ordnung muß zur Gewohnheit werden. Sie *kann* nicht jedesmal aus eigener Motivationskraft neu hergestellt werden, das schaffen unsere Kinder nicht.

Also ist es vernünftig, wenn Eltern bestimmen: Jeden Tag, Punkt 15.00 Uhr, sitzt mein Kind an einem bestimmten Schreibtisch, in einem bestimmten Zimmer, immer zur selben Zeit, immer am selben Ort, um seine schulischen Arbeiten zu erledigen. Dabei sollte zugleich (ganz wichtig!) die Zeitdauer festgelegt werden. Länger als zwei Stunden Lernen am Nachmittag für Vierzehn- oder Fünfzehnjährige, länger als eine Stunde für Zehn- oder Elfjährige ist unrealistisch. So wird es vereinbart, damit für das Kind der zeitliche Umfang absehbar ist.

Die meisten Querelen bei den Hausarbeiten entstehen dadurch, daß Eltern (Mütter) und Kinder sich nur darauf konzentrieren, was es heute alles wieder zu erledigen gibt, und nicht gemeinsam darüber nachdenken, wie sie das Lernen organisieren, damit es erträglich wird. Daraus folgt oft genug, daß beide die Erledigung vor sich herschieben und sich die ganze Prozedur ganze Nachmittage lang ausdehnt. Es ist schon verblüffend zu sehen, wie viele Eltern bereit sind, gemeinsam mit ihren Kindern über Monate hinweg sämtliche Nachmittage für Schularbeiten zu opfern. Die Ängste und der Anpassungsdruck, die von der Schule ausgehen, sind enorm.

Also: einen festen Zeitrahmen *dagegen* setzen! Was ein Zehnjähriger in einer Stunde nicht zu leisten vermag, das ist einfach zu viel! In solchen Fällen sollte das Gespräch mit den

Lehrern gesucht werden. Allerdings kann es für das Kind, je nach Mentalität, hilfreich sein, wenn diese Stunde genau durchstrukturiert wird. 15 Minuten Mathe, 15 Minuten Rechtschreibung, 10 Minuten Sachkunde und zwischendurch immer wieder eine Pause: Kontrollieren Sie das Kind, ob es konzentriert arbeitet oder die Stunde still vor sich hin döst. Die Kontrolle, konsequent durchgehalten, wird schrittweise zur Selbstkontrolle. Es ist unsinnig, von einem Elfjährigen zu erwarten, daß er Selbstkontrolle ohne Hilfe aus eigener Kraft aufbringt.

Warum Schule langweilig ist

Der Ordnungsrahmen ist gewiß nur eine grobe Hilfe, eine Krücke, die zu großen Teilen überflüssig wäre, wenn die Schule ihre Antimodernität aufgeben könnte. Man muß sich einmal vor Augen halten, wie allein der frühe Vormittag eines Kindes aussieht. Bei den meisten Kindern beginnt er mit einem Video. Sie wachen auf, schalten den im Kinderzimmer befindlichen Fernseher ein und blicken verträumt vor sich hintrödelnd in eine bunte Musik-Video-Werbewelt. Hundert Eindrücke auf einmal (ich habe an anderer Stelle einmal darauf hingewiesen, daß man ohne ein gewisses Maß an Hyperaktivität die einfachsten Musikvideos und Werbespots gar nicht verstehen könnte), dazu ein bißchen Drum'n und Baß, während unser Kind schlaftrunken in seine Kleidung steigt. In etwa einem Drittel aller Familien fällt das Frühstück aus, die Kinder sind zu müde oder werden einfach allein gelassen. Und dann traben sie mit einem mehr oder minder wohlsortierten Schulbeutel los: Auf der Straße, in den Schaufenstern, in den Kaufhäusern, an denen sie vorbeilaufen, begegnen ihnen tausend Einladungen zu schnellen Wünschen und schnellen Befriedigungen, viele Kinder haben einen Stöpsel im Ohr, lassen sich von Musik berieseln, und so gleiten, rutschen und taumeln sie durch den frühen Tag, quer durch eine bunt ausgestellte Medienlandschaft, quer durch den Verkehrslärm und die zahllosen Verkehrssignale, quer durch hundert und eine zerstreute Aufmerksamkeit, bis sie, schließlich im Klassenraum angekommen, all diese Erfahrungen abrupt ablegen und sich von einem Moment zum anderen restlos umstellen sollen. Statt der vielen kunterbunten Medien gibt es nur noch ein Medium, einen Lehrer, im Verhältnis zu den Medienstars und digitalen Figuren im Computerspiel notwendigerweise ein eher unattraktives Wesen, und statt der vielen Zeichen und Signale nur noch eines: die Sprache, das Reden. Der Lernstoff selbst macht alles noch schlimmer: Er hat zu etwa achtzig Prozent mit der Lebenswelt der Kinder überhaupt nichts zu schaffen.

Augustus kenn ich, aber wer war Einstein?

Als mein Sohn dreizehn war, kannte er sich beispielsweise mit dem Kreislauf von Fischen genau aus, wer Bach war, wußte er nicht. Er kannte die fünf Erdschichten der peruanischen Gebirge, hatte aber von Kopernikus oder Galilei, von Einstein oder Oppenheimer, von der Geschichte der Atombombe oder dem Vietnam-Krieg noch nie gehört. Von den dreizehn- und vierzehnjährigen Kindern, die wir in meiner Praxis betreuen, weiß nicht ein einziger, wer Einstein war. Nach Brecht, Thomas Mann, Heinrich Böll brauche ich erst gar nicht zu fragen. Dafür wissen immerhin sechs von ihnen genau, welche Gesetze Augustus irgendwann kurz vor Christi Geburt erlassen hat und wie der römische Senat organisiert war – eine Absurdität sondergleichen. Es ist aber müßig, dieses Klagelied immer wieder von neuem anzustimmen: Es ändert sich ja doch nichts!

Der Fächerkanon ist – wie Kenner der kultusministeriellen Bürokratien sehr wohl wissen – nicht aus zusammenhängenden bildungstheoretischen oder gar -philosophischen Überlegungen entstanden, sondern das Ergebnis von Gremien, in denen Inhaber von Lehrstühlen und die Verwalter von Forschungsgeldern in Verbund mit Bildungspolitikern ihre Interessen und/oder Vorurteile zum allgemeinen Lernstoff erheben. Aus deren Gerangel entsteht dieser Kuddelmuddel, mit dem unsere Kinder traktiert werden.

Aber was hilft's – uns armen Eltern ist mit solchen Einsichten wenig geholfen. Wir haben gegen die Übermacht der Schulbürokratien keinerlei Chance. Schule ist eine der letzten großen staatsmonopolistischen Unternehmungen, die kaum einer demokratischen Kontrolle unterliegen: So ist es kein Wunder, daß die Kinder ihre Interessen vom Schulunterricht abspalten. Gelegentlich gibt es (zufällig) gemeinsame Interessen, aber der Lernstoff ist im großen und ganzen von den Faszinationen der Kindheit meilenweit entfernt.

Was Eltern ausgleichen können

Eltern sollten – wenn es ihnen möglich ist – zumindest mit den kleineren Kindern am Nachmittag ausgleichen, was am Vormittag an Schreib-, Rechen- und Leselust zerstört worden ist. Dazu ein einfacher Vorschlag: Bis vor wenigen Jahren schrieben Kinder am Ende der Ferien den Aufsatz »Mein schönstes Ferienerlebnis«. Solche Aufsätze hatten eine lange Tradition. In den letzten Jahren wurden auch sie, zumindest in Niedersachsen, abgeschafft.

Das Thema markiert genau die Grenze zwischen Tagträumerei und Realität. Ferien sind ja an sich schon eine Zeitspanne, die aus dem normalen Alltag herausgehoben ist. Sie sind so etwas wie ein kleiner Ausnahmezustand, eine besondere Zeit! Was ein Kind in dieser Zeit erlebt, vielleicht an einem Ort, den es liebt, das ist von einer Leichtigkeit und Heiterkeit, wie sie manchmal Sonntage oder Feiertage haben können. Im Rückblick sind die Ferienerlebnisse noch schöner, noch ereignisreicher, als sie in Wirklichkeit waren. Das allerschönste Erlebnis aus dieser idealen Zeit reicht ganz nah an die ursprünglichen kindlichen Wünsche heran.

Aus Aufsätzen dieser Art kann man eine ganze Reihe von Informationen über den Wunschcharakter eines Kindes entnehmen. So stellt es sich die Welt ideal vor, so möchte es leben: Es erzeugt aus diesem Grenzbereich von Tagträumen und Erinnerung Bilder seiner ganz persönlichen Idealwelt.

Was ich mir wünsche, schreibe ich auf

Vielleicht bestand für ein Kind sein allerschönstes Ferienerlebnis darin, daß es einen Freund gefunden hat. Man braucht keine psychotherapeutische Ausbildung, um zu verstehen, daß sich dieses Kind in seinem Alltag vermutlich etwas vereinsamt fühlt. Achten wir also in Zukunft auf diesen Punkt! Oder ein Kind schreibt sehnsüchtig von einem Teich, auf dem es Schiffe fahren ließ. In seiner Phantasie weitet sich der Teich aus, bis er ein großer See oder ein Meer geworden ist, auf dem das Kind zu gewaltigen Abenteuern aufbrach. Wieder fällt die Interpretation nicht schwer: Dieser narzißtische Traum von Weite ist vermutlich im schulischen und häuslichen Alltag oft erstickt worden, oft untergegangen.

Solche Beschreibungen von Erlebnissen sind seelische Refugien, gerade deswegen so wichtig. Zum einen erfährt das Kind nun, daß es seelische Zufluchtsorte im (sonst so wenig geliebten) Schreiben finden, ja, sich selbst erschaffen kann. Je weiter und intensiver es in seinen Schilderungen von Wünschen in freiere Erlebnisräume vordringt, desto vertrauter wird ihm das Phänomen »Schrift«. Die Praxis zeigt, daß es gar nicht so schwer ist, Kinder auf diesen »Wunsch-Trip« zu heben. Plötzlich, bei den richtigen Themen, beginnen sie zu schreiben, sie wollen gar nicht aufhören. Es wäre völlig aberwitzig, die Kinder in solchen Momenten mit dem Hinweis auf die zu leistenden Hausaufgaben zu unterbrechen. Lassen Sie Ihr Kind schreiben, was es mag, legen Sie dem Lehrer das schriftliche Ergebnis statt der Hausaufgaben vor. Jeder Lehrer, zumindest jeder Grundschullehrer, der seine Arbeit ernst nimmt, wird den Wert solcher Arbeiten erkennen.

Mit Visionen lernen

Damit sind wir bei einer entscheidenden Überlegung angelangt: Es sollte gelingen, das Lernen immer wieder mit den Selbstbildern, ja, mit der »Vision« zusammenzubringen, die ein Kind von sich selbst und vom Leben hat. »Vision« kann vieles sein: der Berufswunsch natürlich, der Versuch, den geliebten Onkel, der vielleicht Bilderbücher malt (und sei es nur als Hobby), nachzuahmen, Freunde zu beeindrucken und vieles mehr. Wir alle haben ständig Visionen in unserem Kopf. Wir alle sind, wie schon erwähnt, unaufhörlich damit beschäftigt, Bewertungen oder Bemerkungen über unser eigenes Verhalten leise vor uns hin zu murmeln; »Selbstanweisungen« nennt die Psychologie dieses halbbewußte Tun, und der Hintergrund sind immer die Wünsche, an denen wir bewußt und unbewußt arbeiten, die Visionen, an denen wir uns abmühen. Manchmal sind sie ganz klein und bescheiden, dann wieder groß, oft überlebensgroß. Die kleinsten Visionen und die überlebensgroßen – sie alle sollten wir mit den täglichen Lernvorgängen in Verbindung zu bringen versuchen.

Nur sinnvolle Anstrengungen – und dies sind die sinnvollsten! – erscheinen uns auf Dauer erträglich. Nur die können wir längerfristig bewältigen; sinnlose hingegen erschöpfen und führen letztlich zu dem Verhalten, das Eltern und Psychologen als Problemverhalten bezeichnen.

Visionen, die großen und die kleinen, sie sind der Versuch eines Kindes, in seine Zukunft hineinzugreifen und die Unerforschbarkeit der Zukunft selbst ein Stück weit in die Hand zu nehmen. Lernen soll die Zukunft verfügbarer, beherrschbarer erscheinen lassen. Lernen in Verbindung mit dem, was ich Vision genannt habe, ist ein Stück konkreter Zukunftswirklichkeit, es ist auch ein Stück gelebter Narzißmus. Auf beides sind unsere neuen Kinder eingestellt. In beidem sind sie trainiert. Wenn heute von Motivation die Rede sein soll, dann müßte sie wohl so aussehen.

Meer, Himmel und Weite

Kehren wir noch einmal zu unserem kleinen Aufsatz zurück. Nehmen wir an, das Kind hat Lust an Seefahrt, an Weite und Meer erkennen lassen. Was hindert uns also daran, die nächsten Diktattexte oder sonstigen Übungen, Bildbeschreibungen oder grammatischen Trainingseinheiten mit dem Thema »Meer« in Verbindung zu bringen? Was spricht dagegen, daß in den nächsten Rechenaufgaben das Kind ein Kapitän auf einem gewaltigen Seedampfer ist, der soeben zu kühnen Abenteuern aufbricht und gerade deshalb seine Route exakt errechnen muß. Kapitän der eigenen Wünsche zu sein: das kann sich in unendlich vielen Symbolen ausdrücken. Sie alle können Gegenstand von Lernen sein!

Falls solche Geschichten spannend genug ausfallen, ist es keineswegs aussichtslos, sogar eher träge Kinder zusätzlich zu weiteren Aufgaben zu bewegen. Das kann beispielsweise ein Comic sein, den Sie mit dem »Kapitän« des Segelschoners – sagen wir, er heißt Kapitän Hunt – gemeinsam entwerfen, es kann die Entwicklung eines eigenen Spiels sein, eines Computerspieldesigns oder – auch ganz traditionell – eine kleine Erzählung. Kinder haben nach wie vor Spaß an Kreativität und eigenem Tun. Daß sich diese Kreativität auf die fünfte Erdschicht in den peruanischen Anden richtet, ist eher nicht zu erwarten. Auf die Träume, Visionen, die den Medienereignissen seelisch und ästhetisch so nahe sind, konzentriert sie sich sehr wohl.

Wünsche werden beschworen und damit in eine Form gebracht. Sie werden ausgedrückt und durch den Ausdruck beherrschbar. Wünsche laufen dann nicht mehr aus dem Ruder, wuchern nicht wild, bis sie möglicherweise die kleine Seele selber ganz überwuchert haben! Vor all diesen für Medienkinder so typischen Risiken bewahrt nichts so sehr wie der schriftliche oder malerische Ausdruck: das Symbol.

Schrift und Disziplin

Insofern wäre gerade angesichts einer ausufernden Medienwelt mit ihren zerstreuten Phantasmen die intensive Auseinandersetzung mit Schrift und Zeichen vonnöten. Wenn wir im Rahmen unserer Überlegungen vielfach von Ordnung und Disziplin als unerläßliche Voraussetzung der modernen Kindheit gesprochen haben, dann treffen wir hier auf einen weiteren »disziplinierenden« Punkt: die Form, die schriftliche Gestalt, überhaupt das Gestaltete. Sich selbst eine Form geben – das ist der erste Impuls, der in den Schriftzeichen und insgesamt den symbolischen Zeichen verborgen ist.

Der zweite ist die Kommunikation. Nichts wäre in unserer Kultur dringender, als den Kindern eine ursprünglichere und ihren Wunschmotiven nähere Art der Schrift und der Symbolik beizubringen. Leider geschieht dies nicht. Unsere Schulen sind sehr weit von solchen geistigen Wirklichkeiten entfernt. In den Kommunikationen im Internet bringen sich die Kinder und Jugendlichen neue, gleitende und differenzierte (aber oft auch ungestaltete) Symbolformen bei. Gut ist diese Entwicklung nicht! Man wird ihr aber kaum entgegenwirken können. Die Möglichkeiten der Eltern sind sehr begrenzt. Gleichwohl sollen diese Anmerkungen darauf aufmerksam machen, wie wertvoll es für die seelische Entwicklung eines Kindes wäre, wenn es die Eroberung der symbolischen Welt entlang seiner Wünsche, Träume und Kommunikationen zu beherrschen lernen würde.

Nicht perfekt, aber schön

Ich will hinzufügen, daß gerade die medienverwöhnten Kinder einen riesigen Spaß daran haben, ihre kleinen Aufsätze zu Hörspielen umzuarbeiten, Schattenspiele zu entwerfen, Theaterspiele zu inszenieren und dergleichen mehr. Das alles muß nicht aufwendig sein. Für ein Hörspiel braucht man nicht mehr als zwei oder drei begeisterte Freunde, ein paar leicht verstellbare Geräusche und ein Aufnahmegerät. Und natürlich ein sorgfältig gestaltetes Textbuch, ein Drehbuch. Kinder lernen mit großer Lust, wie mit den einfachsten Mitteln phantastische Erlebniswelten eröffnet werden können. Es ist nicht so, daß sie dazu die perfektionierte Lichtwelt des Computers benötigen. Sie sind ohne weiteres in der Lage, das eine (das Perfekte) auf das andere (das Improvisierende) zu übertragen. Sie haben darüber hinaus im Computer gelernt, daß Zeichen Töne, Töne auch Farben und Farben auch Schrift sein können. Kinder mischen die symbolischen Formen mit erstaunlicher Unbekümmertheit und sind vom Schlichten so entzückt wie vom perfekt Improvisierten. Sie müssen sich freilich in *allem* spiegeln und mit *allem* identifizieren können.

Die Impulse richtig aufnehmen

Den Schulstoff lernt man mit solchen Methoden auch, aber er ist nicht das Wichtigste. Das Wichtigste ist, durch die Beherrschung der symbolischen Formen die eigenen Impulse besser zu beherrschen. Ich will an dieser Stelle kein Lern-Spiel-Buch entwerfen. Ich verweise auf mein Buch *Nur Eltern können wirklich helfen*, in dem ich in vielen Kapiteln und an vielen Beispielen zu verdeutlichen suche, wie wir die Symbole mit den mystischen Menschheitsträumen und diese wieder mit den kleinen Träumen und Wünschen unserer Kinder zusammenbinden. Dies läßt sich sehr konkret bis ins einzelne zeigen. Im Zusammenhang mit unserer Überlegung will ich lediglich deutlich machen, daß Lernen und Schule heute nur noch gelingen können, wenn sie den narzißtischen Impulsen der Kinder genügend Raum bieten, wenn sie *zugleich* auf Gestalt und Form achten und daraus Ordnung entwickeln (das ist etwas anderes als die penetrante Disziplin einer Schulordnung) und wenn sie sich zugleich mit all ihren Lerngegenständen der Zukunftsorientiertheit unserer Kinder gewachsen zeigen.

Es bedarf keiner weiteren Erwähnung, daß davon in den Schulen heute nicht die Rede sein kann. Noch immer werden mathematische Regeln auswendig gelernt, und kein Mensch weiß, wozu sie gut sind; noch immer taucht der Zusammenklang von »mystischer Ordnung« und etwa pythagoreischer Geometrie nicht einmal andeutungsweise in unseren Schulbüchern auf. Noch immer ist unser Schulunterricht den Sinnen feindlich und ästhetisch banal. Noch immer nimmt Schule nicht zur Kenntnis, daß sich die Schriftkultur bei den Kindern und Jugendlichen aufzulösen beginnt, was von Schule zwingend Antworten erfordert (die könnten sehr unterschiedlich ausfallen). Kurz, noch immer beharrt Schule auf ihrer Antimodernität, als sei sie ein Wert an sich.

Die Folge wird sein, daß sich die versäumte Schulreform in anderer Form einstellen wird. Es wird der kalte Wind der technischen Entwicklung sein, der unsere Schulen von Grund auf umwälzen wird, dann wohl ganz ohne den Einfluß von Pädagogik und Bildungstheorie. Freilich kann man mit einer gewissen Besorgnis fragen, ob solche Reformen sich zum Nutzen unserer Kinder auswirken werden. Die technisch-kulturellen Veränderungen unserer Gegenwart haben ein zwiespältiges Gesicht, und die schulpädagogische Diskussion hätte eben darin eine große Chance ergreifen können. Sie hat dies versäumt.

Nachbemerkung

Wie wird es weitergehen mit den Kindern, den Jugendlichen, dem Verhältnis der Generationen in den Familien? Es ist schwierig, Prognosen zu wagen, wenn die Zukunft so sehr im Ungefähren liegt. Die Technik entwickelt sich in einer nie gekannten Geschwindigkeit, die Grundlagen des gesellschaftlichen Lebens werden fortwährend umgewälzt. Wenn man heute bei öffentlichen Diskussionen oder Vorträgen die Trends der Zukunftsforschung referiert, stößt man auf Beklommenheit oder puren Unglauben. Wir sind noch auf ein langsameres Tempo der geschichtlichen Entwicklung eingestellt. Was sich derzeit mit dem Internet erst in Rohform abzeichnet, überfordert uns alle. Das trifft auch für unsere Kinder zu.

Ich habe wenig Sympathie für eine auch unter Pädagogen und Bildungspolitikern häufig anzutreffende Haltung, die mit einer gewissen Überheblichkeit die technikfixierte Cleverness der Kinder und Jugendlichen bestaunt und sie gegen die vermeintliche Langsamkeit und Umständlichkeit der Erwachsenen ins Feld führt. Manchmal scheint es, als kenne inzwischen jeder irgendeine Story vom altbiederen Lehrer oder Arbeitgeber, der hilflos am Computer herumbastelt oder im Internet festhängt und dem ein Junger erstmal erklären mußte, wo es in der modernen Welt langgeht. Solche allseits beliebten Anekdoten verraten eine Überidentifikation mit der rasanten technischen Entwicklung, unter der man durchaus die Furcht, von all dem selbst überrollt zu werden, heraushören kann.

Die sich da so vehement auf die Seite der jungen Generation schlagen, treffen sie aber möglicherweise gar nicht mehr an. Unübersehbar gibt es auch bei den Jungen Entwicklungen, die eine gewisse Ratlosigkeit zu erkennen geben. Von dem Trend »zurück zur Familie« oder zu anderen Formen der Verläßlichkeit, zu Treue oder Freundschaft, haben wir gesprochen – ob sie dafür die seelischen Voraussetzungen mitbringen, steht freilich auf einem anderen Blatt. Sie sehnen sich nach Ordnung, und sie spüren zugleich, daß es eine allgemein gültige Ordnung, eine Ordnung der Werte, der Normen nicht mehr geben wird. Häufig überraschen uns Kinder und Jugendliche damit, daß sie einen peniblen Sinn fürs jeweils Opportune entwickeln. Sie tun das, was alle tun. Sie hören die Musik, die alle hören, tragen Klamotten wie alle anderen und schauen dieselben Filme an. Die Fähigkeit zur Abweichung, das positivste Merkmal einer Kultur der Individualisierung, scheint der jungen Generation zumindest in Teilbereichen verlorenzugehen. Ich behaupte: Dieser Opportunismus ist eine Art Ersatz-Orientierung, Ersatz-Autorität, er zeigt einen Mangel an.

Auflösung von Ordnung ist eben nur so lange befreiend, wie sie vor dem Hintergrund einer übermäßigen Erstarrung der alten Ordnungsfaktoren vor sich geht. Die Jungen kennen aber keine erstarrte Ordnung, von der sie sich absetzen müßten. Sie kennen nur diesen schnell sich beschleunigenden Vorgang der Selbstauflösung gesellschaftlicher und sozialer Traditionen, Bindungen und Normen. Wo sich all dies als Folge einer technologischen und wirtschaftlichen Entwicklung über die Köpfe der Menschen hinweg vollzieht, bleibt zumal bei den Jungen das Risiko einer übermäßigen Anpassung ohne Selbstbewußtsein.

Der Hang zu den »alten Werten« zeigt sich immer wieder, ist aber meist nicht mehr als eine Mode. Vor kurzem war in einer renommierteren Frauenzeitschrift von einem Trend unter jungen Frauen die Rede, »als Jungfrau in die Ehe« zu gehen. Die alten Werte klingen verführerisch, aber lebbar sind sie in einer medial aufgeklärten Gesellschaft nicht. Wenn dieser »Trend« tatsächlich einer war, dann ein sehr kurzlebiger, zuletzt nicht mehr als ein Gag. Mit anderen Erscheinungsformen der alten Moral geht es nicht anders.

Dies scheint also die Aufgabe zu sein, die auf die heutigen und erst recht die künftigen Elterngenerationen zukommt: Orientierungen zu geben, ohne sich auf allgemeine Ordnungen, Normen und Moralsätze stützen zu können; einen verläßlichen Rahmen für die notwendige Zeit der Reifung einzurichten, obwohl es in der sozialen Welt kaum noch Verläßlichkeit gibt. Erziehung ist schwieriger geworden, daran wird sich in absehbarer Zukunft wenig ändern. Unmöglich ist sie aber nicht.

Literatur